JN126984

大学教授こそこそ日記

当年62歳、
学生諸君、
そろそろ私語は
やめてください

多井学

まえがき――学内の誰にも告げずに…

「20年しかもたなかったか……」

思わずつぶやきが漏れた。テレビでは「S短大のX学科が来年度からの学生募集を停止」というニュース*が流れていた。

S短大は、私が最初に赴任した大学だ。１９９０年、当時は団塊ジュニア世代が受験を迎え、同校の一般入試*にも募集人員の2倍の志願者がいた。大学・短大はどこも人気で「バブル」とも形容できるほどの盛況ぶりだった。私はその後、4年にわたってS短大で禄（ろく）を食（は）んだ。同僚のあの先生はどうなったのだろう、職員の人たちは元気だろうか……、最若手の専任講師として同校に勤務していたときのことが頭に思い浮かんだ。

S短大から地方のT国立大に移籍したのが１９９４年4月だった。このときも18歳人口はまだ１８６万人いた。そして今、２０２２年に生まれた赤ちゃんの数

ニュース
もともと経営学科のみの単科大としてスタートしたこの短大は、その後、S大看護学部という4年制大学を創設し、その短期大学部を福祉学科や経営情報学科などに衣替えし、最終的には福祉学科のみの短大となった。学生募集が困難となった文系の学科を潰すことにしたのだ。私がまだ勤務していたら、所属学科の消滅にともない解雇されていただろう。

一般入試
私も英語の入試問題を作成した。くわしくは後述するが、同校はかなりの

は77万人ちょっとである。S短大を呑み込んだ荒波は、大学業界全体に襲いかかることになる。

現在、私は関西の私立大学・KG大に勤務している。KG大は京阪神の大学の中でも、関西弁で言うところの「シュッとした*」学生、いわゆるお坊っちゃん、お嬢ちゃんが集まることで知られている。先日読んだ週刊誌によると「偏差値のわりに就職率がよく、卒業生の平均年収も高く、関西主要私大でもっともおトク」らしい。とはいえ、関西では国公立大が就職に強く、京都大を筆頭に、大阪大、神戸大の3大学限定の就職説明会も開催され、KG大だとエントリーシートで落とされるという噂を耳にしたこともある。まあ、そんな大学の現役教授である。

もともと私は三五館シンシャの日記シリーズの読者だった。日記シリーズで描かれる「陽の当たらない職業」の悲喜こもごもを面白く読んでいた。読みながら、ふと「大学教授」はどうだろうと思った。

多くの方にとって「大学教授」は、ホワイトカラーで収入も安定しているイメージがあるだろう。たしかにそういう面はある。

渋ちん経営だったので手当はつかなかった。試験監督と採点業務も行なったが、こちらには1万円ぽっきりの手当がついた。

シュッとした
KG大は関西でもファッションに敏感な学生が集まることで有名。KG大で非常勤講師を務める神戸大の某教授はX（旧ツイッター）で「KG大の学生はシュッとしている。教職員はそうでもない」とつぶやいていた。同感である。

だが、私のような「売れない教授」にとっては甘いだけの世界ではないのである。そんな大学業界の裏表、そしてリアルな大学教授の実態を赤裸々に描いてみたいと考えた。

なお、「多井学（おおいまなぶ）」はペンネームである。正体を隠すことで、学内外からの反発を気にせず、三十余年にわたり大学業界で見聞きしたことを思う存分、表現したかったからだ。だから、本作のことは学内の誰にも告げず、1年間にわたりこそこそと執筆してきた。本書に描いたのは、すべて私の実体験*である。大学関係者なら、きっと「あるある」とうなずきながらお読みいただけるだろうし、逆に一般の方にとっては「へえ」という事柄も数多くあるのではないかと思う。

本書を読めば、KG大の関係者の中には「多井学」の正体が誰であるか、推測がつく人がいるかもしれない。学内外から多少の反発*があるやもしれないが、洗いざらい書いてしまったからには、もう仕方ない。この際、そういう声には耳をふさぐことにしたい。

読者のみなさんが大学教授の生活を知っていただき、何より楽しんで読んでいただければ嬉しい。

私の実体験
エピソードはすべて私の実体験であるが、当時と現在で変化した部分があったり、細かな記憶違いなどがある点はお許しいただきたい。また、エピソード内に登場する人物名はすべて仮名であり、登場人物の特定を避けるため、一部脚色・改変している箇所がある。

多少の反発
怒りそうな関係者の顔も数名思い浮かぶ。だが、日記シリーズでも著者の正体がバレてはマズい職業（立場）の「メガバンク銀行員」や「コンビニオーナー」にくらべれば、大学教授はまだ気楽といえるだろう。

大学教授こそこそ日記●もくじ

第3章 大学教授は儲かりますか？

第4章 学生に聞かれたくない話

装幀◉原田恵都子（ハラダ＋ハラダ）
イラスト◉伊波二郎
本文校正◉円水社
本文組版◉閏月社

第1章
大学教授の優雅じゃない日常

某月某日 **雨ニモ負ケズ、風邪ニハ勝テズ**：牧歌的時代の終焉

朝7時に目覚ましが鳴る。カーテンを開け外をのぞくとシトシトと雨が降っている。ママチャリでの通勤を思うと気が重い。リビングの愛猫・ジジがニャオニャオと大声で鳴く。エサをくれという要求だ。キッチンの棚からカリカリのエサを取り出して皿に盛る。私のほうの朝食は野菜ジュースとブラックの缶コーヒー。肥満防止を兼ね、もう何年も朝に固形物はとっていない。

雨合羽を着込み、ママチャリにまたがり大学へ。数日前から風邪気味で、鼻が詰まり、喉が痛い。少々体調が良くないのだが、休んでもいられない。

KG大では、授業を休講*とする場合、メールで理由付きの休講願いの提出が必須だ。休講数は大学当局によりカウントされている。

じつはある年度に、休講のコマ数が急増したことで理事長が激怒、各学部長宛に「休講が多すぎるので極力減らすように」という指示が出た。わが学部の教授

休講
私の学生時代、当時ニュースキャスターとして著名だった國弘正雄氏が非常勤講師として大学に教えに来ていたが、3

会でも理事長の要請文が配布され、学部長からも、

「今後、休講を減らすようにしてください。やむをえず休講の場合もできるだけ補講を行なうようにお願いします」

と要請があった。ウン十年前のように、体調不良や学会参加を理由にして、頻繁に休講することが許されるような牧歌的時代はとっくに終わってしまったのだ。

大学までの通勤時間は20分。途中から予想外に雨足が強まり、大学に到着するころには、上着とズボンどころかパンツや靴下までびしょ濡れである。

大学に着き、事務室に向かうと、事務職員の坂上さんに声をかけられる。40代の女性で生真面目な仕事ぶりは信頼が置けるのだが、自分にも厳しい分、他人にも厳しい。

「多井先生、欧州公共政策の非常勤講師*の件ですが、来年度のカリキュラムに間に合うように、そろそろ担当者の情報をいただけませんか？」

「今、D大の佐藤教授に打診している最中です。ご連絡いただいたら、メールしますね」

「できるだけ早く、1週間以内にお願いします」

分の1は休講だった。それもいちいち大学の掲示板で確認しなくてはならない。現在では、休講にすると、大学供与の受講生のメールアドレス宛に通知が行く。便利な時代になったものだ。

非常勤講師
兼任講師と呼ぶ場合もある。授業のみを担当する1年契約の大学講師の報酬は、だいたい1コマにつき月額3万円程度。研究室も個室ではなく大部屋となる。非常勤講師で食べていこうとすれば、週に10コマほどこなす必要がある。なお、学生の多くは、非常勤講師と専任教員（助教、専任講師、准教授、教授）の違いはよくわかっておらず、とくに知ろうともしない。

「了解しました」

非常勤講師探しも大学教授の大事な職務である。D大の佐藤教授とは面識がないものの、欧州関係の著書を出しており、この科目にはピッタリだと見込んで、D大のホームページに記載されていたアドレス宛にメールを送信したところだ。報酬は月額3万円プラス交通費のみと決して良くはない。研究者には「非常勤講師」をやりたがる人とそうでない人がいる。報酬が少ないため、遠方だと通勤時間がかかり、「割に合わない」と断られることもある。逆に関西ではそれなりに知名度のあるKG大*の「非常勤講師」という肩書きに魅力を感じたり、KG大の図書館やデータベースが使えるため、喜ばれることもある。佐藤教授が後者だといいのだが……。

メールボックスを確認してみると、書類が届いている。開封すると、ゼミ学生が交換留学に行くにあたり推薦を求めるものだった。

昨年、KG大から1年間の交換留学に向かった学生がホームシックになり、わずか1週間で帰国した。交換留学先の相手校も驚き、KG大に抗議が来て、教授会で問題視されたのだ。それ以来、交換留学に行く学生にはゼミの担当教授が

知名度のあるKG大
受験業界では「関関同立（かんかんどうりつ）」と称され、関西では有名だが、「大井川」より東に行くと極端に知名度が低くなる。「関同立」のほうがはるかに全国区的に知られているが、有名企業就職率は同大に次いで、KG大が良い。ほかにアメリカンフットボール界隈でも有力だが、ラグビーにくらべてこのスポーツ自体がマイナーである。

「途中で逃げ出さないか？」を確認することになっている。〝監督責任〟を問われかねないので軽々に推薦は出せない。今日のゼミで本人の〝根性〟を直接確認することにしよう。

研究室*に向かう。わが研究室は8畳ほど。棚は専門の英語文献であふれ、英文資料が入ったダンボール30箱が占拠しているため、居住空間は激狭である。いつも座っているデスクにたどり着くまで、テーブルに積み上がった書類や書籍を崩さないように、入口からサーフィンするように身をくねらせて進む。びしょ濡れの靴下だけ脱いで椅子に干し、カバンから今日の授業で使うレジュメ、テキスト、リーディング・アサインメントを取り出し、内容を頭に入れる。上着とズボンは授業しながら乾かすしかあるまい。

11時、チャイムが鳴る。近隣の京都大や大阪大などの国立大はいまだに90分授業だというのに、2020年度からKG大では学部と大学院の1コマが原則90分から100分へと延長*になった。公式の理由としては「授業時間を延ばすことで、教員から受講生向けの一方的な授業形態を双方向にするため」らしい。さて、そ

研究室
一人部屋で、学生の相談とか少人数の大学院授業などもこの研究室でできるはずだが、わが研究室は「ゴミ屋敷」になっており、来客を呼べる状況にない。定年時には、原状回復してKG大に返さなくてはならないが、今でもそのときに出るであろうゴミやら不用品、書籍、コピー類のことを考えると、頭が痛くなる。

90分から100分へと延長
集中力の点など、教える側も学生側も90分のほうが望ましい。また100分になってから、昼休みが10分短縮され、その余波で学食が激込みになるという副産物も。トイレの混雑も見られるようになり、授業中に学生から「センセ〜、トイレ」と保育園児のようなセリフが飛び出すことも。

れでは授業を始めることにしよう。

今日の3年生向けゼミは、1回目のレポート提出締切だった。ゼミのLINEグループでレポートの詳細（字数、脚注・出典の様式、ホチキス留めの仕方など）は確認済みで、すべて既読になっていることから、ゼミ生が全員すんなりと提出してくれるかと期待していたのだが……私の考えは甘かった。

「センセ～、ホチキス貸してくれませんか？」

「センセ～、これからレポート印刷してきたいんですけど」

学生たちから次々に〝双方向〟の要求が飛び出てくる。ホチキスを貸して、学生用パソコンルームでのレポート印刷を指示していると、また声がかかる。

「センセ～、ちょっと」と手招きされ行ってみると、木坂君が自分のノートパソコンを開き、その画面をこちらに見せてくる。

「レポートはできてんですけど、マックなんで、学校のパソコンルームで印刷できないっす。来週提出でもいいですよね？」

「いや、来週の授業では、私が赤字を入れたレポートを返却する予定なので、今日でないとまずいな。紙媒体での提出も義務化しているわけだし」

「どうしたらいいっすか？」と木坂君。
「そうだ。そのレポートを添付ファイルで、私のＫＧ大アドレスにメールしてみてくれないかな？」
ということで、私のアドレスに届いた木坂君の添付レポートを、教員用パソコンルームで印刷する。学生対応のせいか、濡れた上着とズボンのせいか、心なしか熱も上がってきている感じで寒気もしてくる。ようやくゼミ生17人全員が提出を済ませたころには、授業開始からすでに30分がすぎていた。

学内の昼休みは12時40分～13時20分までで、この時間帯は学生食堂などの学内レストランはすべて激混みである。激混みレストランを避け、コンビニ弁当で慌ただしく腹ごしらえをして、午後の部に備える。13時20分からは、1年生を対象とした「性教育」も含む授業*である。現在の大学教授は、「教える」だけではなく「お世話する」必要がある。とくに1年生のゼミは「高校4年生」という感覚だ。1年生には事実上の「クラス担任*」が配置されていて、性教育の授業まで必須だ。「クラス担任」の私がテキストを読み上げる。

「性教育」も含む授業
「学生生活は危険がいっぱい」というウェブサイトを使用しながら、アルコール、バイト、友人関係、スマホ、ＳＮＳ、ドラッグ（違法薬物）から性感染症に至るまで、1年生ゼミの学生たちに注意喚起することが義務付けられた。現在の大学教員の仕事はじつに幅広いのだ。

クラス担任
1年生用の基礎演習（ゼミ）は、ランダムに選ばれた受講生が十数名参加し、授業の受け方から、図書館の活用法、レポートの書き方などのスタディスキルとライティングスキルにくわえて、このような性教育の授業も。必修科目なのでよほどのことがない限り、単位を落とさせるわけにはいかない。

「性感染症にならないためには、コンドームを射精直前につけると効果がある。マルか、バツか……さて、どうだろうか?」

女子学生の塚本さんと織部さんが隣同士つつき合いながら、にやけている。

「どうですか、塚本さん」と指名して回答を求めようかと思ったが、セクハラ云々となることを危惧し、やめておく。講義を続けよう。

「……答えはバツですね。避妊としても感染予防としてもセックスの最初から最後まで使用することが重要です。射精前につけるだけではまったく効果はありません」

私は酒の席でも下ネタは苦手で、その手の話は家族・友人や同僚ともしないようにしている。照れ臭くてテキストから顔を上げぬまま棒読みする。しかし、テキストの答えは破廉恥(はれんち)度を増していく。

「射精本番前にも男性のペニスからはカウパー液、えーっ、俗にいうガマン汁ですが……が漏れ出しており、そこには精子も混じって……」

塚本さんと織部さんが声を出して笑い、教室全体からもクスクス笑いが漏れる。

もしかすると私よりも、性に関する情報豊富かもしれない学生諸君に笑われながら、令和における、私の性教育授業は進んでいくのであった。

日が暮れるころ、ママチャリを漕いで帰宅。フラフラのまま自室にたどり着き、パソコンでメールをチェック。おっ、D大の佐藤教授からのメールが届いている。

〈……ご提案の件ですが、条件的に難しく……〉

非常勤講師探し*もふりだしに戻ってしまった。事務職員・坂上さんの「１週間以内に」という言葉を思い出し、そのまま検索エンジンを駆使して研究者探しに取りかかるのだった。

某月某日　**長丁場**：「セクハラ事件」を審議する

夏休み中、KG大からH学部の専任教員全員宛の一斉メールが送られてきた。「急遽、臨時教授会を開催するので、必ず出席してほしい」とある。「緊急」というだけで、この時点では何が議題なのか見当もつかない。博士論文の執筆中で

*専任教員と非常勤講師とのあいだには明確な収入格差が存在する。通年４コマの授業数で計算すると、専任教員だと最低でも３００万円以上になるのに対し、非常勤講師は１２０～１６０万円弱だろう。非常勤講師には学内の会議や雑務がないというメリットがある一方、大学側の都合で雇い止めされるといったリスクも。

多忙を極めていた私にとって、嬉しい知らせではないが、教授会を欠席するわけにはいかないのと「緊急」のテーマとは何か、興味も湧いてきた。

予定どおり、午後3時半に教授会が始まり、議題が明かされた。

「既婚者の教授*による女子学生へのセクハラについて」

出席した教員からどよめきに近い声が漏れる。「急遽」「臨時」というのはこのためか、とようやく合点がいった。

学生主任*の田口教授から報告が始まる。

「既婚者である戸枝教授が6名の女子学生と不適切な関係を結び、それに対して、複数の女子学生からクレームが来ております。すでにごく少人数の学生関係担当教員のみで女子学生に対して面接を行ない、状況を把握したところです。それによると、戸枝教授は個人研究室で、ある学生にキスをしたことが判明しております」

戸枝教授の事件*は、私にとっては寝耳に水だった。戸枝教授について顔と名前が一致する程度で、彫りの深い顔立ちで学生人気も高いようだという程度の認識しかなかった。会場を見渡しても戸枝教授の姿は見当たらない。本人が出席しな

既婚者の教授
大学の若手教員が教え子だった卒業生と結婚したという話はよく見聞する。大妻女子大などでは、いかなる理由があれど、現役女子大生と「不適切な関係」を持ったら、即クビという話を聞いたことがある。

学生主任
学部内で学生に関わる諸問題を処理する役割を負っている。飲酒運転での事故とか電車内での痴漢行為といった学生のプライベートのトラブル全般に対処する。知り合いの学生主任いわく、「コロナ禍でオンライン授業が普及し、学生がキャン

いのは当たり前か。

40分ほどで状況報告を終えた田口教授は最後に、

「女子学生の名前や年齢、どのような被害を受けたのかは、プライバシーの問題もあるので、この教授会でもオープンにはできません」と告げた。

すると数名の教授が挙手をして、意見を述べた。

「誰がどんな被害にあったのかについて、少なくとも教授会メンバーは具体的な内容を共有すべきではないでしょうか？」

被害状況を明らかにしてほしいという教授が数名いて議論になったが、田口教授は状況は明かせないと押し切った。

時計の針が午後6時をまわったころ、議題は「戸枝教授から出された退職願いを受理するか、それとも受理せず懲戒解雇処分とするか？」に移った。

三倉学部長は、「戸枝教授は十分に反省して、もうすぐ退職願いを出す予定なので、受理したい」と提案した。それに対して、数名の教授が「生ぬるい」「懲戒解雇がふさわしい」という反対論をぶった。誰が手配したのか、夕食としてテ

パス内外であまり集まらなくなった時期は大きな問題が起きずにラクだった」。

事件
大学教員が起こしたものとしては「立教大助教授教え子殺人事件」が有名。１９７３年の立教大の英語担当・大場啓仁助教授が、院生の教え子を妊娠させ、妻との離婚を迫られたために、その教え子を殺害。さらに妻と幼い娘２人を巻き添えにして自殺したという凄惨な事件である。

イクアウトのサンドイッチが配られた。

三倉学部長は「あまりにも具体的な報告となると、被害学生のプライバシーも開示することになり、二次被害も懸念されます。刑事的な被害届は学生から出ていないのだから、懲戒解雇処分はいきすぎでしょう」と強く主張した。

「被害者の学生の身になって考えたほうがいいですよ！」

反対派の教授が叫んだ。私はサンドイッチをゆっくりと咀嚼（そしゃく）しながらぼんやりと議論を聞いていた。

出席した40名の教員は受理派と拒否派とでおおよそ半々に割れ、議論は紛糾した。この時点で午後9時をすぎ、6時間近く椅子に座りっぱなし*の私は白熱する議論を聞いているだけでヘトヘトに疲れていた。どうせ辞めるなら退職願いを受理しても問題ないのではと感じたが、ここで下手に発言をすれば会議はさらに長引くため、黙っていた。

最終的に三倉学部長が「戸枝教授の依願退職を受け入れ、学部としてはセクハラの事実関係だけを公表する」という提案を行ない、それについての投票が実施された。時刻は午後11時半、私はなんでもいいから一刻も早く終わってほしいと

6時間近く椅子に座りっぱなし
お茶などはセルフサービスで飲めるし、中座して、トイレに行くのもOKである。あまり長く座っているとエコノミークラス症候群になってしまうのではとの懸念も湧き、トイレに行くふりをして席を外し、屈伸運動で気を紛らわせていた。

思っていた。

三倉案は多数決で可決*された。私も早く終わってもらうため、賛成に渾身の一票を投じた。人生でもっとも思いを込めた投票だったかもしれない。

最終的には8時間に及ぶ教授会となった。あとにもさきにもこれほど長い教授会はない。

某月某日　博士号、お持ちですか？：取らない教授の言い訳

大学教授は基本的に誰もが研究（勉強）の好きな人たちのはずである。大学教授の存在意義とは研究することそのものにある。

とはいえ、どこの大学にも「研究業績*」の上がらない御仁（ごじん）がいる。たとえば、かつての早稲田大政経学部では、20年にわたり学術論文を書いていない教授がいると大学関係者のあいだで話題になり、「学生一流、設備二流、教授三流」などと揶揄（やゆ）された。こうしたこともあり、現在では教員が研究しているか否かは、明

多数決で可決
最終的には、大学がこの学部案を受け入れ、戸枝教授の退職願いを受理し、戸枝教授は退職金を辞退することで決着がついた。その後、戸枝教授をキャンパスで見かけたことはない。ほかの大学で教えているという話も聞かず、どうやら大学業界を去ってしまったようだ。

研究業績
文系の大学教員界隈では、脚注付きの単著学術本や査読付き学術論文が高く評価され、「研究業績」とみなされる。文系の中でも経済学などは理系と

確に可視化されている。

現在の大学教員は、若手ほど優秀といえる。彼らは、専任教員になる要件が厳格化された時代に厳しい競争を勝ち抜いている。「博士号*」も取っていて当たり前だし、それに加えてさまざまな業績や教育・活動歴を持っている。

それに対して、年配の教授ほど、研究活動から遠ざかっている人が多い。KG大のH学部では、教授に昇格してから10年以上、論文などの研究業績が皆無で、博士後期課程指導教授*に昇格することもないまま退職した教授もいた。博士号ナシだったり、10年以上学術論文を出していないと、肩身の狭い思いをするはずだが（少なくとも私ならいたたまれない）、その教授は気にするそぶりもなく、堂々としたものだった。

国際学部の与那嶺（よなみね）教授もそんなひとりだった。学部の創設時に准教授から教授に昇格したのはよいものの、その後、自分の専門分野の論文はほとんど書いていない。

だが、与那嶺教授は、教えるのは好きで熱心、さらにゼミの人気も高い。それに国際学部設立時には〝共闘〟した同志でもある（この〝闘い〟については第4

同様に、英語の高被引用論文（いわゆるインパクトファクターの高い学術誌に査読付きで掲載された論文）の「研究業績」が評価される。一方、本書のような内容の本はまったく「研究業績」にならない。

博士号
大学院の「修士課程」2年で修士論文を書いて得られるのが「修士号」。さらに「博士課程」3年で博士論文を書いて得られるのが「博士号」。

博士後期課程指導教授
主査として博士号を授与できる資格を持つ教授。「ドクターマル合（ゴウ）」とも呼ぶ。自らも博士号を持つのみならず、単著学術本や査読論文の数など、それなりの研究業績がないとなることができない。

章で詳述する)。私が体調を崩して、学生説明会に出席できなくなったときにも、与那嶺教授が代わりをかって出てくれたこともある。とにかく人はいいのだ。

授業のあと、久しぶりに近くの居酒屋で与那嶺教授と飲んだ。

「多井さん、なかなか忙しくて論文が書けないんだよね」

たしかに与那嶺教授は雑務を嫌がることなく進んで引き受けるタイプで、体育会関係部活の役職にも就いている。多忙なのはよくわかる。

ただし、学内でも「博士号」を取らない教授は軽視される傾向にある。後述するように、私が採用されたときのＫＧ大の面接でも、博士号を取るように副学長から圧をかけられたくらいだ。国際学部新設の際にも、学部の目標として、「博士号取得教員の割合を増やす」という一文を入れていた。

私も「なぜ取らないのか？」という疑問はつねづね抱いている。教え子たちに「勉強しろ」と言っている本人が勉強していないのでは筋が通らないではないか。研究は大学教授の本分なのだ。友だちになれないタイプであれば放っておくだけだが、気が合い、飲みに行く間柄の与那嶺教授には、少し言いたくなった。

「それはわかりますが、やはり本学部はグローバル人材を育成するのが目標ですし、教員側も9割以上が博士保有者なので博士は必要*ですよね」

それまでの関係で、与那嶺教授が「博士号」を持っていない*ことに触れたことはなかった。本人も言われたくないだろうし、あえて指摘する必要もないと思っていたからだ。いつもは学内の人間関係からプライベートの失敗談までをネタに笑いの絶えない飲み会なのだが、与那嶺教授の言い訳めいた話ぶりに、つい本音が出た。二人のあいだにふだんとは違う緊張が走り、痛いところを突かれた感じで与那嶺教授の顔がゆがむ。

「やはりまとまった時間がとれないと長いものは書けないよね。それに最近はどこの大学院も博士をガンガン出しているから、実際の博士論文を読むと玉石混淆（こんこう）だしね」

与那嶺教授はグラスをあおりながら、さらに言い訳めいたことをこぼし始める。私のほうも酒が入って、ふだんならおくびにも出さない感情が露わになった。

「一理ありますが、かと言って博士を持っていない言い訳にはなりませんね」

言いたいことを言った解放感と、言ってはいけないことを言ってしまった背徳感がないまぜになった。与那嶺教授は驚いた顔でこちらをうかがっている。

博士は必要
欧米では、企業幹部クラスだと、修士を持っていて当たり前、博士保有者も多い。国際連合などの国際機関でも、修士は必須で、できれば最初から博士を持っていたほうが採用でも厚遇される。日本では「学位」よりも、東大法学部卒といった「学歴」が優遇されるが、欧米では「学歴」よりも「学位」が重んじられるケースが多い。

「博士号」を持っていない
京都大の森毅名誉教授など、高名な教授の中にも「博士号」を持たない人はいるものの、KG大では2023年現在、専任教員の9割が「博士号」保有者。とくに若手および理系教員はほぼ全員持っている。なお、理系にとって博士号は「足の裏の米粒」と言われる。

「与那嶺さん、いつも教授会でいろいろと発言されますよね。あれだけ大学運営に熱心なら、その情熱の半分でもいいから、研究に打ち込めればいいかと」

与那嶺教授は何も言い返さずにうつむいた。居酒屋の喧騒がやけに大きくなった気がした。

その心は「取らないと気持ち悪いが、取っても食えない」。

久しぶりの与那嶺教授との飲み会は盛り上がりを欠いたまま、お開きになった。飲み会の帰り道、ひとりになると、与那嶺教授の気まずそうな顔が思い浮かび、少し言いすぎたかなと思った。

ＫＧ大では、教授会で研究成果が話題になることはほとんどない。それが責められることもなく、給料などの査定にもまったく響かない。そういう意味では、人によってはいくらでも手抜きのできる仕事といえるかもしれない。だから、与那嶺教授のように自覚がなければ研究がどんどんおろそかになっていくのだ。

小・中・高の教師であれば、学習指導要領に沿って生徒たちにきちんと教えることが本分であろう。けれど、大学教授であれば、自らの研究を深め、それを踏まえて最新の知見を織り込んだ授業を行なう必要がある。研究成果は誰もが見ることのできるウェブサイトで公開もされ、大学そのものの評価にもつながる。大学教員にとって欠くことのできないものなのだ。……そう自分に言い聞かせ、帰り道、頭に浮かぶ、与那嶺教授の悲しそうな顔を振り払うのだった。

某月某日　印税ナシ：「売れない教授」の出版事情

明治大の齋藤孝教授*のように、毎月本を出版して、印税やテレビ出演だけで、おそらく本務校の収入の何倍も稼いでいるであろう先生もいる。そういう人ばかり目につくから「大学教授は本を出して儲かる」と思っている人がいるかもしれない。そんなことはないのだ。私レベルの「売れない教授」だと、本は書けば書くほどビンボーになる。どういうことか説明しよう。

私はこれまでに10冊の本（単著）を出版している。このうち、4冊は完全な学術書で、著者印税は一銭も出ない。

印税がないだけなら、まだいい。この4冊のうち3冊は「自腹」、あるいは勤務校からの「出版助成金か個人研究費*」というかたちで、数十万、時に100万

明治大の齋藤孝教授
私と同学年の1960年生まれ、東大大学院教育学研究科博士課程単位取得満期退学。教育学や日本語教育学、身体論などが専門だが、60冊以上の本を出版し、テレビ出演も多数。大学での授業もこなしているわけで、仕事量は超人的だと思う。

個人研究費
私の勤務先でいえば、S短大で年間12万円ほど、

円以上のお金を出版社に供与して、ようやく出版してもらっている。

最初の単著本は、出版目的が明確だった。10年以上の研究成果を学術書としてまとめて「博士号」を取得するつもりだったからだ。国際的にみると、「博士号」を持っているか否かで大きな差が出て、ないと恥ずかしくなりつつあった20世紀末のことだ。歴史学などの文系では、通常論文よりも単著本の出版が研究業績として高く評価される。英語の本ならなお良い。面識のあった出版社に話を持っていき、150万円の身銭を切った。北米の某国の外交事例を国際関係理論を用いて分析した780ページの単著として刊行され、この本により「博士号」を取得することができた。

2冊目は海外への在外研究後、その成果を本にまとめた。自分の授業でテキスト使用する（200部は買い取る）ことを条件になんとか自腹を切ることなく出版できた。もちろん印税など出ない。

ほかの2冊もKG大から出版助成金*（150万円）を得たり、約80万円（年間58万円にくわえ、このときは前年度の繰り越し分があった）の個人研究費を出版助成に回すことで発刊してもらった。売れっ子教授と違って、私にとって本は「頼ま

T国立大では最高100万円近く、KG大では58万円程度の個人研究費が出た（すべて非課税）。これで海外を含む出張、パソコンやプリンターなどの設備、研究用図書をまかなう。個人研究費の不正流用を防ぐため、現在では現物と領収書の双方を事務方にチェックしてもらってから、立て替えた研究費が支払われるようになっている。この研究費を出版助成金に回すことも可能である。

KG大から出版助成金
KG大から出版社に支払われる。これを使った場合、著者に払われる印税はゼロになる。つまり出版助成金を充当しての出版活動で儲けてはいけないというルールだ。学術本が出て、どんなに売れても（まず売れないわけだが）、私のフトコロが潤うことはない。

れて書く」ものではなく、「頼んで出してもらう」ものなのである。

ほかの6冊は、文庫ないしは新書で、いわゆる一般書だ。

どれも友人に編集者を紹介してもらい、出版企画を説明して、社内会議を通してもらってから発刊した。「持ち込み原稿」と呼ばれるもので、最初のアプローチから刊行まで1年近くかかったものもある。

そのうちの1冊である文庫デビュー作は、大学生向けにスタディ&ライティングスキルを説明した本だった。一般向けに発売される文庫本は初めてだから、書店に並んでいるのを見たときには胸が躍った。妻を通じて、大学の生協書籍部関係に売り込み、ポップも立ててもらった。見知らぬ人ともすぐ仲良くなることができる妻は営業部員として、近隣の大学の生協書籍部をまわり、私の本を持参して平積みしてもらった。その努力の甲斐もあり（?）、4刷2万部近くまで行った。

私が書いた一般向けの本でもっとも売れたのは*、大学教授になる方法をデータと取材をもとにまとめた新書だ。Twitter（現在のX）で多くの大学教員に取り上げられたこともあり、担当編集者いわく「（本が売れなくなった出版業界では）ク

もっとも売れた
一般書の印税は1冊が5%、ほかの5冊が10%だった。これまでの印税を合計しても400万円

リーンヒット」だったらしい。

学会で知り合った教授から連絡があった。「今度、本を出すんだけど、多井さんの専門分野の項目があるから書いてくれない？」

聞くと、地理関係で有名な出版社から数十名の共著で北米地域の本を出すことになったという。学術的な本ではないものの、事典的に使用することもでき、それなりに業績にもなるし、読者もいそうだ*。自分の専門分野について声をかけてもらえたのも嬉しく、喜んで引き受けた。

英語の参考文献などを読みながら、４カ月後、１万６０００字の原稿を仕上げた。時間は要したものの、新しい知見も盛り込むことができ、仕上がりにも満足して編者に提出した。

それから数カ月がすぎ、聞いていた出版日が近づいてきた。通常、出版日の数日前には著者宛に数部の見本が届けられる。自宅宛に出版社からの郵便が届いたので、見本だと思い、開封してみたところ、そこにあったのは「抜き刷り」（本のかたちに製本される前段階のもの）の私が執筆を担当したページ部分だけだった。

いくかいかないかというレベルである。これだけではまったく生活していけない。専業作家で食べていくのは至難の業（わざ）なのである。

読者もいそう
このような辞典とか事典は価格が高く、購買者も一般読者よりも研究者をイメージしている。また全国の大学・高校の図書館や、公立図書館で買ってくれる可能性もあり、それなりの需要が見込まれる。

「抜き刷り」10部とともにその本のチラシが同封されていた。チラシには、図鑑のような堂々たる本の写真が掲載されており、1冊1万6000円（税抜）の定価がついていた。

この本では3000円の印税が出ることになっていた。しかし、本を1冊でも買ってしまえば、印税は相殺どころか私の持ち出し*になる。これは、なんとしてでも本を売りたいという出版社側の狡猾（こうかつ）な戦術*であろう。そんな戦術に乗ってなるものかと沈思黙考したが、専門分野のリサーチに使えることもあり、泣く泣く研究費で1冊だけ購入したのだった。

私が出した10冊の書籍の収支決算をすれば、学術書を出す際に自腹を切った費用にくわえ必要な書籍・資料・データ収集の代金と、一般書の印税が相殺されてプラスマイナスゼロというのが実際のところだ。マイナスにならないだけ恵まれているともいえ、とてもじゃないが「印税生活」など夢のまた夢なのだ。

学生の中には、私が自著を授業テキスト*にすると、「多井は、自分の本を買わせて、フトコロを肥やしやがって」などと不満を持つ者もいる（さすがに面と向

私の持ち出し 大学業界には、本を書くと研究仲間に献本しあう習慣がある。場合によっては、数十冊を献本することもあり、その購入金額もバカにならないのである。

出版社側の狡猾な戦術 出版界と大学業界を震撼させた「亞書事件」をご存じだろうか。「国立国会図書館法」という法律により、出版社は発行した本を1冊、国立国会図書館に寄贈することになっている。その対価として、本の本体価格の半分と郵送料が、国立国会図書館から出版社に支払われる。2015年、りすの書房という出版社から1冊6万円の『亞書』78巻が各1冊ずつ国立国会図書館に寄贈された。国立国会図書館はまず42冊分の定価5割にあたる約136万円を同社

かってそう言われたことはないが、腹の底ではそう思っているだろうと推測している）が、これが現実。出版とは決して甘くない世界なのだ。授業テキストに採用など期待すべくもない本作の売行きは果たしてどうなることやら……。

某月某日　大学教授になる方法：イチかバチか

ＫＧ大ＯＢの須崎君が久しぶりに研究室を訪れた。須崎君は20代後半で、有名アパレルメーカーに勤めている。彼はＫＧ大を出たあと、そのまま大学院に進み、そこで修士を取っていた。もともとは須崎君の彼女が私の指導院生だったこともあり、彼女とともによく研究室に遊びに来ては雑談をしていた。

「ご無沙汰しております」

小麦色の肌に白い歯を輝かせてあいさつする。すっかり如才（じょさい）ない社会人の風格を備えている。

「元気そうだね。仕事のほうはどう？」

に支払った。ところが『亞書』がネットで問題視され、その内容を調べてみたところ、ギリシャ文字などをランダムに並べただけであることが判明。同社の『亞書』以外の本についても調査したところ、聖書などをもとに超高額な値段設定の本を多数寄贈し、対価として６００万円以上を受け取っていたことが判明した。まさに国立国会図書館法を悪用した狡猾な戦術といえよう（事件発覚後、りすの書房は解散）。

自著を授業テキスト
自著をテキストにすると、この箇所の意図は何か、補足説明に何が必要か、など内容を十全に理解しているため、じつに使いやすい。ただ３０００円以上の高額テキストになると、奨学金などを借りている学生には気の毒だとも思う。そのため、

「そのことで、折り入って相談したいことがありまして……」

神妙な顔でそう言う。

「じつは今の仕事を辞めて、大学院博士課程に入り直せないかな、と考えているんです」

就職が決まったあとで研究室まで意気揚々と報告に来てくれた日のことを思い出す。得意の英語を活かせる職場として目指した大手アパレルは第一志望でもあり、当時は目を輝かせていた。言葉にはしないが、仕事が合わなかったのだろうか。

「そうか。将来の進路は何か考えているの？」

「政治学でカナダやオーストラリアの多文化主義の分析と日本への適用性をテーマにドクター（博士号）を取り、その後に短大以上のところで専任教員として教えたいんですが」

かなり具体的な将来図を描いているではないかと驚いた。それで研究分野が似通っている私のところに相談に来たわけか。

須崎君の実力なら「ドクター」は簡単に取れるだろうが、問題は専任教員（＝

大学図書館に数冊入れ、貸出できるようにしてある。私としてはAmazonなどで中古テキストを入手してもらっても差し支えない。

コネ
博士課程指導教授の口添えや、学閥などが典型的コネ活用だ。ほかにも、学会・研究会の仲間や先輩のツテによって就職するなどいろいろなパターンが考えられる。たとえば、作家・比較文学者の

大学教授）になる方法だ。

大学教授になるための足がかりには2通りある。「コネ」[*]と「公募」だ。須崎君に有力なコネはなさそうだったので、彼の場合は「公募」一択になろう。

2023年現在、国立大は独立行政法人化して、なおかつ少子高齢化もあり、ポストは相当削減されている。神戸海星女子学院大や恵泉女学園大のように、学生募集の中止＝廃校も増える傾向にある。聞くところによると、1つのポストを公募すると何十倍、時に100倍を超える応募があることも珍しくないという。とくに職位が助教から教授までの公募となると、20代の若手のポスドク[*]から50代の現役教授までが対象となるから、候補者がひしめきあう状態になる。

兵庫県立大准教授を経て神戸学院大教授に移籍した元キャリア公務員の中野雅至氏は最初の転職活動時、100校の大学・短大の公募に応募して、採用通知をもらえたのは兵庫県立大ただ1校だった、と自著に記している。[*] 現在の大学教員は、それほどの狭き門なのだ。

そんなご時世だから、「博士号」を取得しても、正規の職に就けない研究者（オーバードクター）も多い。「博士号」は持っているのに、職がないという、いわ

小谷野敦氏は、東大の先輩のコネで大阪大の専任講師になった。

ポスドク
ポストドクトラルフェロー。大学院博士後期課程（ドクターコース）の修了後に就く、任期付きの研究職ポジション。1990年代から始まった大学院重点化政策により、博士課程修了者は増えたものの、その受け皿となるポストは少なく、立場の不安定なポスドクが大量に生まれることになった。

自著に記している
『1勝100敗！　あるキャリア官僚の転職記』（光文社新書）参照。この本を読むと、新潟大の博士、ミシガン大の修士を持ち、キャリア公務員で、当時単著本もあった中野氏でさえ連戦連敗した実情がよくわかる。

ゆる「高学歴ワーキングプア」という問題だ。

どう説明しようか迷っていると、私の渋面を見た須崎君が心配そうに言う。

「やっぱり、大学教授への道は厳しいですか？」

「今の時代、大学教授になれるかどうかはギャンブル*だね」

民間企業への就職と大学への就職は根本的に異なる。民間企業であれば、大手有名企業には落ちたが、中小企業では受かるということがよくある。職種をしぼって就職活動する学生の場合、大手がダメなら、次に中堅、そして中小・零細と企業の規模を下げながら、どこかに引っかかろうとするのが常道だ。だが、これは大学業界には通用しない。大手有力大には落ちたから、続いて弱小短大を狙っていこうとしてもダメなのだ。就職できるかどうかは、大学・短大側が求めている人材に合致しているかどうか、にかかっている。そんなことを説明すると、須崎君も腕組みしながら、研究室に入ってきたときと一変して沈鬱な表情になる。

「仕事がうまくいっていないの？」彼の今の生活が気になって私は尋ねた。

「給料はよくて、やり甲斐もあるのですが、忙しすぎるのと、成果に対するプレッシャーが強くて最近不眠気味で……。このさき何年も今の仕事を続けていく

ギャンブル
博士課程新卒者の大学教員就任率は１９６５年から10年ほどは約35%だったが、その後、１９９０年ごろに約25%、２００５年ごろに約15%と年々下がり続け、２０２１年度の文科省調査によると約８%となっている。一般的にギャンブルの勝率（還元率）は、パチンコ・パチスロで80～85%、競馬で70～80%、宝くじで46%とされるから、「大学教授になれるかどうか」は相当勝率の低いギャンブルといえる。

自信がないのです。大学教員ならマイペースで好きな仕事ができるかと思って期待していたんですが……」

「文系なら非常勤講師に就くのはそれほど難しくない。非常勤講師をやりながらチャンスを待つという方法はあるね。非常勤講師を週1コマやれば、月3万円くらいにはなる」

「じつは先生ご存じの彼女とはもう別れまして。今はひとり身で、食べさせてくれる相手もいません」須崎君は冗談ぽくそう言い、ようやく笑顔を見せた。

1時間ほど大学業界における就職事情*を私なりに説明すると、「貴重なアドバイスをありがとうございました。じっくりと考えてみます」と言って須崎君は去って行った。有効なアドバイスはできなかった。

その後、須崎君からの連絡はない。どこかの大学院博士課程に入ったのか、引き続きアパレル関係の仕事を続けているか。いずれにしても私には、彼が人生を力強く生き抜いていってほしいと願うことしかできない。

大学業界における就職事情
米英圏の有名大学院で博士号を取るという手も。ハーバード大などでドクターを取れれば、国連職員やコンサルティング業界など可能性が大きく広がる。大前研一氏は、MIT（マサチューセッツ工科大）にて原子力工学でドクターを取り、マッキンゼーの日本支社長になった。いったん海外で民間企業に就職し、その後、乞われて日本の大学教授になるということもある。

某月某日　**コピペ論文を見破れ！**：大学教員の大事な仕事

現在の学生と接してみると、われわれ世代の常識が通用しないことがある。

「授業でレポート、ゼミ論文や卒業論文を書くんだよ」と言うと、「授業時間内に執筆するのですか？」と真剣に聞き返してくるゼミ生がいる。無論、わずか100分で論文など書けるはずもない。リサーチも含めれば何時間も要するものだと、その説明からしなくてはならない。

こんな調子だから、レポートや論文は提出時に仕上がっているわけもない。「て・に・を・は」の使い方もおかしく、前後の関係や文章としての脈絡も欠如していて、読んでいるうちに胃がムカムカしてくるものも多い。これに懲りて、私の場合、必ず最低一度はレポートや論文に赤字を入れて、書き直してもらう*ことにしている。

もうひとつの問題は、学生の選ぶテーマがあまりにも多岐にわたることだ。ゼ

書き直してもらう
ワードの校正機能などは使いにくいため、プリントアウトしたものを提出

ミでは「北米地域研究」と称し、カナダ・アメリカの政治・外交・社会に関わることなら卒論のテーマにしてよいことにしている。

ヒップホップが大好きだという滝川君は卒論のテーマを「ヒップホップがなぜアメリカで流行っているのか?」にしたいと申し出た。これもアメリカの社会に関わることであり、ダメというわけにはいかない。ゼミでのテーマ発表時、滝川君は朗々と説明を始めた。

「ＪＡＹ－Ｚは偉大なヒップホップの帝王なんですけど、元々はドラッグのディーラーだったんですよ。それがラッパーにのし上がって……」「Ｗｈｅｅｚｙはナンバーワンプロデューサーで、エモーショナルかつバラード系のトラック制作が得意で……」

ふだん私が聴くのはもっぱら小田和正やサカナクションといったＪ－ＰＯＰであり、ヒップホップ事情を熱く語られてもちんぷんかんぷんなのである。言っていることはよくわからないが、やたらに情熱だけは伝わってくる滝川君のパッションを信頼して、ＧＯサインを出すしかあるまい。

「私はそのテーマを専門的に判断できない。だから、主観で思いを書くのではな

してもらい、そこに修正を手書きで加える。だが、私は悪筆なので、修正原稿を受け取った受講生から「ここ、なんて書いてあるんですか?」という問い合わせが来る。そのたびに該当箇所を写真に撮り、LINEやメールで送ってもらう。私の悪筆に学生側も胃がムカムカしているかもしれない。

く、米国での販売数やダウンロード数など客観的データを積み上げて仕上げてください」

そう伝えたところ、意外にも各種データをしっかりと用いた〝クール〟な卒論を仕上げてくれた。好きこそものの上手なれ、とはよくいったものである。

学生の論文やレポートを評価するにあたり、警戒しなければならないのはコピペ（コピー&ペースト）だ。いまやこれを見破るのも大学教員の大事な仕事になっている。

宮内君はもともと授業にも出ず、熱心な受講生ではなかったが、4年になり企業からの内定をもらって以降、きちんとゼミに顔を出すようになった。きっと卒業のための単位が必要*になったのだろう。

彼のゼミの卒論は「アメリカ・レーガン大統領*の国連政策」だった。卒論の正式提出前には本人の口頭での発表があり、ほかのゼミ生も交えて、質疑応答をすることになっている。本人が大雑把な内容を話したあとで私が質問した。

「大統領のみならず、当時の国務長官の政策はどうなっていたの？」

卒業のための単位が必要
宮内君が所属していたH学部では卒論とゼミは必修でなかったので、単位さえ満たせば、途中で卒論執筆をやめても問題はない。だが、宮内君は単位が足りず、その分を卒

「国連事務総長の反応はどうだった?」

「世論とか、米国内の反応の具体例を説明してください」

宮内君にいろいろと質問してみるのだが、いずれも口ごもりながら「そこは調べてありません」という答えだった。これは先が思いやられるなあとため息をついていた。

ところが、その2カ月後、宮内君が最初に提出してきた卒論は、文章もきわめて精度が高く、驚くほど高レベルな内容だった。文面からは質疑応答時のオロオロとした感じが消えて、堂々たる高尚なものなのだ。

が、こうなると読んでいるうちに違和感を抱く。

これ、どこかからパクってきてないか?

さっそく宮内君のワード文書から1ページ分を抜き出して、グーグルの検索窓に貼り付ける。なぜか胸がドキドキする。

こんな行為をしているわけだから、そもそも私は宮内君を疑っているわけだ。だが、心のどこかで間違いであってほしいという思いもある。その一方で違和感があるのは間違いないし、そうだったらどうしようという期待感のようなものも

論で埋め合わせようとしたのだろう。内定が出た学生は2通りに分かれる。単位欲しさに勉強に励む少数派と、単位を満たして遊びに励む多数派である。

レーガン大統領　在職1981～89年の米国大統領ロナルド・レーガン。共和党反共タカ派だったが、ソ連トップのゴルバチョフと友好関係を結び、画期的なＩＮＦ（中距離核戦力）全廃条約を締結、冷戦の終焉に貢献。今の学生たちにはその名を知らない者も多数。なかにはレーガン大統領と、ソ連のレーニンを混同している者も。「アメリカのレーニン大統領は世界平和を訴えながら、ソ連を『悪の帝国』と呼んだ」という記述を読み、パラレルワールドに迷い込んだような気がした。

高まってくる。

「実行」キーを押す。グーグルの検索一覧に論文を販売していると思われるサイトが列挙される。

やっぱりあった！　自分の予想が的中した快感と、宮内君に裏切られた失望感が、ない交ぜの不可思議な気持ちだった。

毒を食らわば皿まで。私はそのサイトに各種情報を入れ込み、会員になったうえで、宮内君がコピペしたと思われる論文を５００円で購入してみた。それは宮内君の提出した論文と一字一句違わぬものだった。おいおい、文末を変えるくらいの工夫はしてくれよ……。

それも提出の前日に購入し（サイトにはご丁寧に購入日まで記載されていたのだ！）、名前と学生番号だけを変えて、プリントアウトしてあった。

翌日、宮内君を呼び出して、確認してみた。

「この論文は『ハッピー・キャンパス』*というウェブサイトから購入したのではないかな？　そこに載っているほかの人の論文をそのままコピペしたよね」

宮内君は不意を突かれた感じで、うつむいて黙り込んでしまった。


『ハッピー・キャンパス』レポートや論文を学生や元学生などから買い上げて、テーマに沿ってそ

「今ならまだ間に合うから、ホントのことを言ってくれないかな？」

「多井先生のおっしゃるとおりです。そのサイトから購入したものを、ほぼそのまま出しました」

「これじゃあ、剽窃（ひょうせつ）になるよね。どうしたらいいかな？」

「来週までに卒論の書き直しをしてきます」

　青ざめた宮内君はそう約束してくれた。

　1週間後、宮内君はあらためて卒論を提出した。

〈レーガンはハリウッドのB級役者として本格的なキャリアをスタートさせた。また、そのスピーチのうまさが評価され、カリフォルニア州知事を2期務めた。知的には軽量級とみなされたが、人当たりが良くグレートコミュニケーターと呼ばれた……〉

　と始まる論文の出来の悪さは、明らかに自分の言葉で書いたことを表していた。専門的に見れば、まだリサーチ不足の面もあったものの、新聞記事をまとめ、自分の見解も付していたコピペでないこの論文に対して、私は努力賞にあたる単位を授与した。


れを販売しているサイト。サイト内には「先輩から後輩にできることがある」というフレーズも。大学教授にとっては天敵といえるが、サイトはなかなかよくできている。

なお、2023年現在では「インターネットからどの程度引用されているのか」「コピペ度合いはどのくらいあるのか」を調べるデータベース*を大学側が持っている。ワード文書やPDFファイルをそのデータベースにかけることで、ネット上の文章をどの程度盗用しているかを示してくれる。その点では、コピペ論文を見つけることは、宮内君の時代よりもはるかに簡単になっている。

その甲斐もあってか（?）10年前にくらべて、コピペ論文はかなり少なくなってきている。その代わり脚注の出典情報がアヤシイ論文が増えている傾向もある。

ゼミ生の山口さんは、「1962年キューバ・ミサイル危機*におけるイタリア外交の役割」と題したゼミ論文を提出してきた。脚注の出典を読んで、思わずのけぞった。

「ミジンコでもわかるキューバ危機」とある。

どうやらユーチューブ動画を出典に持ってきたようだ。

さすがに、これでは学術的論文にならないことを諭し、ほかの書籍を読むように指示した。それにしても、「ミジンコでもわかる」か。私もこれからは「ミジンコでもわかる」ように教えないといけないのかもしれない。

データベース
ターンイットイン（Turnitin）という盗用検出サービスがある。本文をこのデータベースにかけると、全体の何%がウェブから取られたものかを教えてくれる。あくまでウェブ上にアップされたものと照合されるため、紙媒体の書籍などからそのまま書き写した場合は、このデータベースでは見破れない。

キューバ・ミサイル危機
1962年10月に米ソ間で起きた危機的事件。ソ連がキューバに核ミサイル基地を建設しようとしたのに米国が反対。米ソ核戦争がリアルに感じられる状態になった。米ソ核戦争の一歩手前までいった事件で、国際政治の事例としてよく用いられる。

第2章

曲がりなりにも「最高学府」

某月某日　自己投資とギャンブル：大学教授になるまで

大学業界への参入というのは、フツーの就職と異なっている。大学を出ただけでは大学専任教員になることはできない。「修士課程*」、さらに今なら「博士課程*」を修了しなくてはならない。どんなに早くても27歳以上にならないと専任職には就けないのだ。少数の実務家出身教員以外は〝アラサー〟で就職し、その後はよりよき環境の職場を求めて転職していくケースが多い。民間企業のように、就職後そのままひとつの企業に終身雇用というケースは大学業界にはあまり見られない。*

そもそも専任教員になるには多くの知識や技能、学位を取得しなくてはならないし、そのためにも相当の自己投資も必要になる。そのうえ、専任教員になれるか否かはギャンブルでもある。スムーズによいポストにつければいいが、そうでなければ年収も低く、身分も不安定なまま、何年もポスト待ち状態になる。

修士課程
修士課程は通常、大学院2年で修士論文を書いて修了となる。現在では、ビジネススクールなどでは修士論文を書かずにMBA（経営学修士）を取得できる。

博士課程
1990年代、文系では3年制の博士課程では「博士号」を取ることは難しく、「単位取得満期退学」というかたちでおえることが多かった。その場合、退学後、30～50代で単著学術本を刊行して「博士号」を得る。なお、現在はどの大学の文系学部でも3年で課程博

……と、エラソーに述べたが、私の場合はどうだったのか。

大学時代に受けた国際関係論の授業が面白く、この分野を追究してみたいと思い立った私は3年生のとき、アメリカの大学に留学*し、アメリカの政治・外交を学ぶことにした。このとき、私は国際政治学の面白さに目覚めたのだった。

この学問のどこがどう面白いのか、みなさんに少しでも感じていただくため、ここから少し私の解説にお付き合いいただきたい。

国内政治では、行政府があり、国会という立法府と裁判所の司法府が確立している。罪を犯せば、警察が被疑者を確保し、裁判にかけ、それを罰する。これに対して、国際政治は基本的構造がアナーキー（無政府状態）だ。国際連合も警察にあたる常備軍を所有せず、極めて弱体だ。だから国際法を破っても、それを罰することができない。2022年のロシアによるウクライナ侵攻を見てもそのことがわかる。

かつて保有していた核兵器を放棄し、軍事費面でロシアの10分の1しかないウクライナは、パワーバランス的に自国に不利な状況に置かれていた。ロシアに

士号が取れるようになっている。比較的取りやすい「修士号」に対し、「博士号」は必ず論文とそれに対する口頭試問があり、取得は難しい。理系だと「博士号」を持っていないと一人前の研究者として扱ってもらえないことも。

あまり見られない
東大・京大のように研究面などでそれ以上のポストが望めない場合や、他大学にない珍しいポストなどの場合は例外。東大や京大の場合、定年が65歳なので、定年の少し前に辞めて、有力私大へ移籍という話も聞く。たとえば青山学院大の定年は69歳、法政大は70歳なので、実質定年延長となる。

アメリカの大学に留学
よく言われるように、アメリカの大学では学部の勉強が厳しい。私の留学

とっては逆に有利な状況で、戦争を開始すれば早期に「勝てる」と踏んだプーチンが、弱小国ウクライナに戦争を仕掛けた。もしもポーランドやバルト3国のように、ウクライナがＮＡＴＯ（北大西洋条約機構）に加盟していたら、ＮＡＴＯの集団的自衛権に守られてロシア侵略を抑止することができた。しかし、ウクライナは紛争当時ＮＡＴＯに加盟しておらず、同盟国も持っていなかった。国際政治的には、これは敵対国間同士のパワーバランスが崩れると戦争が起きるという現実主義理論に該当する。

国際政治では、軍事力を含む国力（パワー）や国益を重んじ、自国の軍事力を強化したり、同盟関係を結んだりして、価値観が共有できないアクターの侵略を抑止することになる。国内政治とくらべて、より不透明で将来予測の難しい国際政治も、国力や国益の面から分析するとさまざまなものが見えてくる。こうした国際政治の分析、とくにアメリカ外交の刺激に満ちた歴史に、私はぞくぞくするほどの興奮を覚え、その面白さにとりつかれたのだった。

とはいえ、このときはひたすらに国際政治学を学ぶことが楽しいだけで、大学教授になりたいとも、自分が大学教授になれるとも思っていなかった。

先は4学期制をとっていて、1日50分授業を同じ時間帯（たとえば月～金曜日の午前9時～9時50分）に週5日続けると5単位になり、1学期では15単位を取る必要があった。半年（2学期）連続して、計25単位以上取ることができないと、学生ビザが切れて米国から国外追放となるため、必死で毎日、授業に出続けた。

アメリカの大学を卒業
奨学金で留学したのだが、奨学金は学費の85％はカバーするものの残り15％と生活費、帰りの旅費な

私はなんとかアメリカの大学を卒業*し、日本の大学に戻り、そこも卒業した。その後、地元の英会話学校に講師として雇われて、英会話を教えてお金を貯めると、カナダの大学院で国際関係の勉強をして、修士修了に必要なコースをとると同時に、修士論文ともう1編の英文学術論文の作成に打ち込んだ。このころになると、あわよくば大学教員として国際政治学を追究したいと考え始めていた。だが、そのための具体的アクションはまだ起こせずにいた。

某月某日　撤退するなら早いほうが……8カ月の銀行員生活

27歳になった私はＬＴＣ銀行に職を得た。国際政治学でメシを食っていければいいなと漠然と考えながらも、そろそろ腰を据えた生活*をしなければいけないという思いもあって始めた就職活動でＬＴＣ銀行に引っかかったのだ。当時はバブル経済まっさかりで、銀行業界がブイブイ言わせていた。銀行は安定していて、給料も悪くない。潰れることなど考えられなかった時代である。銀行なら、国際

どは自分で支払うことになっていた。大学関連施設のキッチンで、週20時間のバイトをこなした。食事はこのキッチンで自由にとってよく、食費は浮いたが、カロリー過多だったため、２年間で20キロ太った。

腰を据えた生活　英会話学校講師時代から交際し始めて、カナダの大学院時代には、婚約までした相手がおり、経済的自立は喫緊の課題だった。ところが、銀行から

政治の知識も少しは業務に役立つのでは、とも期待していた。

私は同行の本店外国営業部に配属されることになる。外国営業部というのは、外国為替や海外通貨の送金・入金の事務部門であったが、研修もないまま、いきなり現場で仕事をまかせられた。

あまり深く考えることなく就職した銀行である。経済や会計の知識がほとんどなかった私は覚えることばかりで苦労した。年下の先輩や同期たちに「これがわからないのですが」と頭を下げて、イロハを習わねばならない。要領も手際も悪い私は銀行業界には向いていないことを薄々感じ始めていた。

さらに銀行業界の「闇」にも触れることになる。

同じ部署の先輩、40代の目白さんはもともと営業部にいて、過労で倒れ、1カ月間の入院生活を送ったあとリハビリを兼ねてこの部署に配属されていた。外国営業部は残業が月に40時間程度のヒマな部署であったから〝リハビリ〟にぴったりだったのだろう。

目白さんは営業部時代、残業100時間超えは当たり前で、上司からは「血反吐を吐いて倒れてようやく一人前」と言われていたという。実際、「倒れるまで

内定をもらった直後に、彼女と別れることになり、「腰を据えた生活」をしようがなくなった。皮肉なものである。

働け」というのはこの時代のスタンダードで、目白さんはその犠牲者でもあった。本人いわく「昔はギラギラしていたが、病で倒れてからは毒気が抜けた」温厚な目白さんは問わず語りに銀行の内実をあれこれ教えてくれた。行内では「40代で都内に家が建ち、50代で墓が建つ」というジョークもささやかれていたが、目白さんの話を聞いたり、営業職の働き方*を見たりしているとあながち冗談でもない気がした。

銀行の貸出営業業務の限界を知ったことも大きかった。

バブル期、銀行は融資中心主義で、経営基盤が脆弱な企業へもドンドン資金を貸し付けていた。銀行の営業職は2～3年のサイクルで配属先が変わる。自分が後先考えずに融資して営業成績をあげる。しかしその企業が立ち行かなくなり、数年後に潰れたとしても、もう担当を外れていれば、自分のマイナスにはならない。担当を受け継いだ後任のマイナスになるだけなのだ。

その逆もある。企業の財務状況を見通して「融資不可」の決断を下して、その後企業が潰れたとしても、異動してしまえば担当者の判断が評価されることはない。銀行の商慣行には疑問が多く、こうした拡張路線で永遠にやっていけるのか

営業職の働き方
月の残業150時間超えもざらで「24時間戦えますか?」の世界だった。夜10時ごろまでデスクワークをしていると、先輩行員が顔を出し、「飲みに行くぞ」と誘われ、酒席に参加。日付が変わったあと、再び銀行に戻り朝まで仕事、という営業職もいた。

と不安に思った。

撤退するなら早いほうがよい。独身の私は身軽だった。入行して8カ月後、私は退職を決めた。人事部に退職関係の書類を届けに行ったときに、担当者が憐れむような眼差し*をしていたのが脳裏に焼き付いている。

こうして私はLTC銀行を8カ月で去る*ことになった。

世間はバブル経済を謳歌していた。それから10年後、LTC銀行が破綻することなど、このとき誰も予測すらできなかったのである。

某月某日 足がかり：専任講師になる

銀行を去った私は、英字紙『ジャパンタイムズ』の求人広告でアメリカ大学連盟日本校*に職を得た。

ここでは哲学入門などの人文系科目を英語で日本人の学生に教えたり、教師の管理などの事務仕事を行なった。年収は340万円ほどと前職の銀行にくらべる

憐れむような眼差し
バブル真っ盛りの1989年、LTC銀行は東大文系学生の就職先人気ランキング2位、一橋大学生の同1位だった。60歳定年まで勤めあげれば年金が月45万円以上ともいわれ、そこから早々に離脱する若者は意外だったのかもしれない。

8カ月で去る
ちなみに、私が辞めた翌日、入れ替わるように入行したのが、東進ハイスクール講師でいまやタレントとしてもおなじみの林修氏である。林氏はその後、半年で辞めているので、「私のほうがもった」といえる。

とかなり落ちたが、教えることの楽しさを実感できて、銀行よりははるかに良い職場だった。

ただ、この学校は労使問題を抱えていた。学長・理事長サイドと、クビになった教員とのあいだで、解雇の不当性をめぐる訴訟騒ぎがあり、校内の雰囲気はギスギスしていて落ち着かなかった。1年でこの職も辞する*ことになった。

地元に帰省した際、経営者団体の役員だった叔父と会った。叔父から、地元のS学校法人で教員の若手人材を探しているという話を聞いた。次の職を見つけようとしていた私にとって渡りに船の話だった。叔父にぜひ紹介してほしいと伝えたところ、数日後にS短大の草田事務局長との面談をセッティングしてくれた。

初めて会う草田事務局長はギョロリと飛び出した大きな目玉がキョロキョロと動き、どことなくガマカエルを思わせた。

「S短大では今、一般教養の英語と国際関係を教えられる人材を探しているんですがね」

私は修士課程しか修了していなかったものの、日米2つの大学を卒業し、中・高の英語教師免許状、それに英会話学校やアメリカ大学連盟日本校での常勤英語

アメリカ大学連盟日本校
米国の小さな大学が集まった連盟の日本キャンパス（横浜）だった。このプログラムを修了して、TOEFLでよいスコアを取ると、この大学連盟に所属しているアメリカの大学に留学できるというのが売りだった。

1年でこの職も辞する
アメリカ大学連盟日本校は受験生バブルの崩壊もあり、その後、破綻。労働争議の悪影響なども要因だろう。破綻を知ったのは、T国立大に移籍が決まり、履歴・業績書の提出が必要になったときだった。廃校の知らせを聞き、「やはりそうか」と不思議と納得してしまった。

教師の経験があった。自分の経歴とやる気をアピールすると、草田事務局長は手元のメモに細かな字を書きつけながら小刻みにうなずいた。

その後、S短大に2回面接に行き、学科長や学長との口頭での業績審査面接*を経て、正規雇用の専任講師の職を得ることになった。

S短大の最若手29歳で専任講師になれたのはラッキーだった。有期雇用の非常勤講師と違い、専任講師はいわゆる正社員扱いで、研究費も出て、研究室ももらえる（後述するようにS短大では共同使用だったが）。もちろん、その分、学内の雑務は増えるだろうが、担当コマ数に応じて月給が決まる収入の不安定な非常勤講師にくらべて、安定している。

私は短大のあるN県S市の寮に移り住むことになった。学生のレベルはともかく、専任講師になったことで、国際政治についての研究活動も継続できる。こうして私は29歳にして、大学教員としての一歩を歩み始めることになった。

業績審査面接
通常なら、業績の数も評価され、業績の内容についても根掘り葉掘り質疑応答があるのだが、短大だということもあってか、研究者としての実績や業績などは確認だけで深く追及はされなかった。それよりも英語を教えたという経験が評価されたように感じた。そして、何よりも一刻も早く教員が欲しいというS短大側の事情もあったのだろう。

某月某日　給料が安すぎて…：大学バブルと無縁な世界

4月1日の入学式翌日、私はS短大での辞令交付式に臨んでいた。午後1時、事務室隣の非常勤講師控室に事務局長と事務長という幹部職員2人と学長、そして全教員が出揃う。これから、草田事務局長が辞令を新任教員ひとりひとりに手渡ししていくのだ。

もっとも若い私は最後に辞令をもらうことになっていて、緊張しながらそのときを待つ。

なぜ緊張するかというと、辞令に給与額が記載されているからである。大学教授という職種は、慣例として給与や年収を確認したり交渉したりすることはあまりない。ただしもちろん相場はある。*

私がS短大に就職したのはバブルの余波が残る1990年4月。世間では、証券会社に入った新入社員のボーナスが400万円ほどになり、話題となっていた

相場はある
高い順に、①経営基盤がしっかりしている関東圏・関西圏・中京圏の大規模私大、②有名国公立大、③大都市圏私大、④地方私大、⑤大都市圏私立短大、⑥地方小規模私立短大…となっている。つまり、S短大は最下位の⑥のケースに当てはまる。この時期、大阪経済大助教授だった研究仲間（先輩）に「大学教授の年収の相場は、（年齢＋10万円）×18カ月だよ」と言われた。当時の私に当てはめると700万円以上となるのだが…。

時期だ。

イケイケドンドンのバブル期を生きた私は期待していた。銀行員時代の年収600万円とまではいかなくても、450万円程度はいくだろう。だって私は修士持ちの「専任講師」なのだから。

草田事務局長が、教員ひとりひとりに辞令を手渡していく。一番最後に恭しく頭を下げて、待望の辞令を受け取る。ついに私の大学教員人生が始まる。一枚の紙ぺらだが、なんだかずっしりと重い気がする。

続いて、矢野学長の訓辞が始まり、教員一同が神妙な顔で聞き入る。

矢野学長の訓辞が終わり、いったん解散となるやいなや、私はトイレの個室に駆け込み、辞令を凝視した。

なんじゃ、こりゃ〜！

月給：18万5000円（税込）。諸手当（交通費など）ナシ。ボーナスは4・5カ月で合計16・5カ月分。すべて合算して年収約305万円……。

私は便座にへたり込んだ。

当時22歳大卒初任給平均が17万円ほどだったので、それとたいして変わらない。

銀行員時代の年収とくらべれば、ほぼ半分に下がったことになる。

安い。時勢的にも安すぎる！

これで本当に生きていけるのだろうか？*　さきほどまで今後の学者人生に期待に胸を膨らませていたのが一転、不安が胸を覆う。

その後、同期に採用された新任教員たちにもそれとなく確認してみたところ、誰もが似たり寄ったりの金額*だった。

私よりも3歳年上で、筑波大の大学院博士課程を修了してやってきた、同期の松下専任講師は「月給は20万円ジャストだよ」と爽やかな笑顔で打ち明けてくれた。彼は教育できることに喜びを感じていて、給料に無頓着なようだったが、私はそれを聞いて、３年後の自分もそんなものかと脱力していた。

30代後半で、東海大から東洋大大学院博士課程を単位取得満期退学し、前職は予備校で教えていたという谷垣助教授の年収は４００万円ちょっとで、予備校時代から3割も下がったと落胆していた。

「じつはS短大からの話と同時に、隣県の国立工業高等専門学校（高専）の助教授の話もあったんだよ。そこなら５００万円は軽く超えていたんだけどなあ」

生きていけるのだろうか
実際に赴任してみると、このS短大を経営していた学校法人が持っていた寮に毎月2万円の家賃で入れた。なんとか生きていくことができた。

似たり寄ったりの金額
S短大を経営していたS学校法人はほかにも幼稚園、高校、塾、予備校まで手広く運営していた。このS学校法人、地元では給与の安さで悪名を馳せており、教職員はみな「赤貧洗うがごとし」の薄給だということを知るのは、この土地に住み数カ月が経ったころだった。

谷垣助教授はそう愚痴った。

「なんでここ（S短大）を選んだんですか?」と私が尋ねると、

「高専よりも短大のほうが研究面でいいだろうと思ったのと、何より自宅が近くてねぇ」と言った。給料がここまで安いのは想定外だったという。

S短大の年収の低さ*は、じつは経営サイドも十分理解している。

S短大に赴任したこの翌年、30歳のとき、私は見合いで知り合った妻と結婚した。妻は小学校の教諭をしており、草田事務局長に結婚の報告をする際、そのことも伝えた。

草田事務局長の第一声は、「小学校の先生というのは大学の先生よりも拘束時間が長いから、その分、給料も良いものなんですよ」だった。自校の給与の低さへの弁明のように聞こえた。実際、私よりも実質5学年下だった妻の年収は、私よりも2割ほど高かった。草田事務局長にそのことも伝えようかと思ったが、やめておいた。

翌年からこの年度初頭の辞令交付式は、私の密やかな愉しみとなった。

S短大の年収の低さ
S短大で図書館司書さんと年収の話になったとき、20代の彼女は「大卒後、こちらに就職して4年になるんですが、恥ずかしくて友だちにお給料の話はできないんですよ」と嘆いていた。私にも同じ経験がある。高校の同級会に出て、年収の話になったとき、私より年収が低かったのは、県の公務員をしていた友人ひとりだけだった。長男が生まれたとき、当時所得水準が厳しく制限されていた月5000円の児童手当がもらえたのをよく覚えている。

新任の教員の名前が呼ばれ、草田事務局長が恭しく辞令を手渡しする。それを新任教員は両手で受け取り、席に戻る。その間も私は新任教員たちの表情を見逃してはならぬと、目で追っている。

学長の訓辞が終わったあと、彼らはさてという感じで辞令の初任給欄を見る。その次の瞬間、顔がサーッと青ざめる。逆に顔色が紅潮していく人もいる。なかには見間違いではないかと思ったのか、辞令の裏側を確認している教員までいる。彼らに気づかれぬように遠方からその表情の移ろいを味わう。

わかるよ、君たちのその気持ち。先輩教員は同情と哀れみといくばくかの仲間意識を持ちながら、その光景を眺めているのであった。

某月某日　悲惨な授業：学生のレベルに合わせる

「日本語の文章と同じように、英語の文章には必ず主語と述語があります。主語とは、『〜は』とか『〜が』の部分で述語に対応しています。そして述語とは主

語を受けて説明する言葉です。『どうする』『どうなる』『どんなだ』を意味します。たとえば、『私は英語を勉強する』なら、『私は』が主語、『勉強する』が述語になり、英語ではI study English.になります」

……これは中学校の英語の授業ではない。S短大における私の授業内容だ。教育の最重要課題は、学生のレベル*に合わせることだ。とくに英語は必修科目*なので、難しいことをやって受講生を落第させるわけにはいかない。一人でも多くの学生に授業を受けてもらって、単位を与えることが、S短大専任講師たる私に課せられた任務なのである。

私が使うのは中学生用のテキスト。発音記号を教えながら、英単語をどうにか読めるようにしていく。文法の基礎であるｂｅ動詞と一般動詞の違いも大切である。

「am, is, areをｂｅ動詞と呼びます。述語になり、イコールを意味します。日本語に訳すときには、『ある、なる、いる、だ・です』と覚えておくといいねぇ」

目の前にいる十数人から「学ぼう」という意志は伝わってこない。ただ漫然と授業時間がすぎゆくのを待っている雰囲気が教室を覆う。教室を見回すと、前か

学生のレベル
ある女子学生は「アタシ、中学の授業で最初にアルファベットを見た瞬間、うわぁキモッ！って思っちゃって、それからアレルギーでいっさい受け付けないんですよ」と断言した。

必修科目
大学には大まかに分けて、落としたら卒業できない「必修科目」と、落としても卒業要件には関係ない「選択科目」がある。教員の立場としては、受講生が落とすと留年につながる「必修科目」の評価や採点は慎重になる。

ら2列目にいる黒部君が机に突っ伏して寝ているのが目についた。

黒部君は金色に染めた髪の毛をオールバックにセットした、いわゆるヤンキー*である。駅前の居酒屋でバイトをしていると聞いたことがあって、疲れているのかもしれないが、授業の最初からずっと机に突っ伏したままというのはいただけない。最後列でこそこそとならまだしも前から2列目でこれだけ堂々と寝られてしまうと、少人数だし、ほかの受講生の手前もある。

「黒部君、冬眠やめてくれるかな。授業やろうよ」

できるだけやさしい声で呼びかける。ほかの受講生たちも私が彼にどう対応するか興味を持って見ている雰囲気が伝わってくる。

だが、黒部君は起きない。

「く、黒部君。そろそろ起きようか！」

さきほどより少しトーンを強めてそう言うと、黒部君が顔だけあげてこちらを見た。ただ見ただけなのかもしれないが、その風貌からにらみつけられたような気がする。

この短大周辺の中学・高校では、校内が荒れていて、生徒が校舎に火を放ち、

受講生も同じく、「選択科目」よりもきちんと勉強する傾向がある。

ヤンキー
少年時代に「ガリ勉」と呼ばれた私と、「ヤンキー諸君」との相性は良くないのは言うまでもない。当時きうちかずひろ氏のマンガ『ビー・バップ・ハイスクール』が大ヒットして、S短大生のあいだでも流行っていた。ヤンキー隆盛期といえるかもしれない。

それを見ながらみんなでビールで乾杯したなんて、すごい噂*まで流れていた。黒部君がその一味ではなかったと言えるだろうか。

重ねて注意をして怒鳴り返されでもしたら、この授業での「講師」としての私の権威は地に落ちることになる。ほかの受講生たちに私の弱腰ぶりが見透かされようとも、黒部君に追い打ちをかけるのは得策ではない。私としてはそのまま授業を続けるだけだ。

「……動詞はこのｂｅ動詞と一般動詞に分かれます。ｂｅ動詞は、現在形だとam, is, are とbe のみ。さっき話したI study English. のstudy は一般動詞だね」

彼はまた机に顔を突っ伏し、結局授業が終わるまでずっとその姿勢だった。

じつはこの数週間前、私には苦い経験があった。

英語の授業中、岡川君が隣の学生と話していた。一言、二言ならまだしも、授業中ずっと会話しているのだ。

「私語は死語にするように（笑）。岡川君、ちょっと授業に集中しようね」

厳しい注意にならぬように、なごませるためのダジャレなのだが、通じたかど

すごい噂
地元のS市出身で、高校までS市ですごしたという谷垣助教授から聞いた話なので信憑性は高い。なお、谷垣助教授は、荒れた側ではなく、荒れた生徒の被害者の側だったらしい。

うか。岡川君はチラッとこちらを見て、そのときはいったん話をやめた。が、５分もしないうちにまた話し出す。岡川君は、黒部君と違って、あからさまなヤンキー関係者という感じではない。ピアスをして、髪を茶色に染めているものの、とりたてて不良というわけではなく、むしろおしゃれな感じの学生だ。

岡川君の話がさらに続いているので、私は再度注意した。

「岡川君、そろそろ私語はやめよう。相談事があるのなら、私の個人研究室にあとで来てくださいね」

そう言うと、何か彼の逆鱗（げきりん）にでもふれたのか、岡川君が机を叩いて立ち上がった。

「多井、てめぇの汚ねぇ研究室*にはあとで行ってやるから、邪魔するな！」

その一言で教室は静まり返った。

私は大きなショックを受け、心中では狼狽（ろうばい）していたが、ほかの学生に悟られぬよう冷静を装い、

「わかった。それじゃあ、あとで来てください」

とだけ言って、そのまま続く彼の私語はいっさい無視して、授業を終えた。

てめぇの汚ねぇ研究室　たしかに私の研究室は整理整頓されておらず、きれいだったことはない。S短大では、アメリカ人英会話専任講師と同室だったので、真ん中に国境線を引いて、さっぱりした彼の領土とゴミ屋敷的私の領土が好対照をなしていた。

ただ、そのあと授業のあいだじゅう、私の心臓は早鐘（はやがね）を打っていた。一見おとなしそうに見える岡川君が急に怒り出したこと、そして講師に向かって平然と「てめぇ」呼ばわりをしたことが大きなショックだったのだ。

少なくとも私は、腹が立ったからといって、目上の人間を怒鳴りつけたり、ましてや「てめぇ」呼ばわりすることなど思いもよらないし、私の人生においてこれまでそんな人を見たこともない。そんな学生*がいるS短大という教育機関、そしてそこで講師を務めている自分自身にまで思いをはせる出来事であった。

授業のあと、私が研究室に戻っていると、ドアがノックされた。S短大の研究室はゼミ生たちが訪ねてくることがあったので、きっとゼミ生の誰かだろうと、私は気軽にドアを開けた。ドアの前には岡川君が立っていた。

「あとで行ってやる」「あとで来てください」というのは、その場の売り言葉に買い言葉のようなものであり、そのやりとり自体もすっかり忘れていた。岡川君はそれを覚えていて、本当に研究室にやってきたのだ。

彼の顔を見た瞬間、さきほどの早鐘が戻ってきて、イヤな汗が噴き出てきた。「授業の復習」ならぬ「復讐」でもしにきたのかと、私は身構えた。しかし、岡

そんな学生
KG大でも大人数の授業になると、スマホポチポチ組や私語をしだす学生はいる。ただ注意すれば、まずやめる。常識の範疇といえる。某大学で、階段教室での授業中、学生がキャッチボールを始めたという話を聞いたことがある。自分の授業でそんなことをされたらと思うと身が縮む。私にとって、どんな怪談よりも怖い話である。

川君の表情からは険しさが消えている。

「先生、さっきは怒鳴って、すみませんでした」

「……そうか」

それだけ言って、とりあえず彼を研究室に招き入れた。

彼は椅子に座ると、いつもどおりの表情に戻っていて、照れ臭そうにうつむいている。反省しているのだろう。

「短気は損気*というからね。今後のためにも、ああいうことは直したほうがいいよ」

私がそんなことを言っているあいだも、岡川君は「はい」とか「ええ」とか言って殊勝に聞いている。こうして一対一で向き合って直接話をしてみれば、彼もどこにでもいる素直な19歳の学生なのだ。

研究室から出て行った岡川君の背中を見送る。岡川君と和解できてよかったと思いながら、講師に向かってあんな言葉を吐く生徒が在籍しているS短大、そしてそこでこの先も教えていかなければならない自分自身に、再び思いをはせるのだった。

短気は損気
実父はもともと癇癪（かんしゃく）持ちだったのが、私が小学校6年生のときに透析患者となり、身体障害を抱えたことで、それがさらにひどくなった。私に対しても口より先に手が出た。そんな様子をそばで見ていた実母はいつも私に「短気は損気」と言い聞かせてくれた。父も母も亡くなった今となっては、よい思い出である。

某月某日　**営業活動、日当500円**：朝から晩まで高校めぐり

7月のある平日、午前5時に起きた私は自家用車を事務職員の斉藤さんの自宅に走らせていた。予定どおり6時前に斉藤さんをクルマでピックアップして、県道を2時間ちょっと走ると、県内で2番目に大きいM市に到着する。今日は終日、斉藤さんと一緒にM市内の主要高校めぐりなのだ。

S短大で私は入試委員を任ぜられていた。この役職は、入試問題の作成・採点（もちろん無料奉仕）のみならず、高校への営業活動も行なわなければならない。

大学側としては、「ぺーぺーの職員が行って、進路指導教師に説明するよりも、学究的研鑽を重ねた（重ねていない人もいるが）大学教授という地位の高い（低い場合もあるが）人が、一緒に付いてきてくれると、高校側の態度も異なり（異ならないこともあるが）、募集力が出る（出ないかもしれないが）」ということのようだ。

1校目は、偏差値は上の下くらいだが、生徒数はM市内イチのためか、年に1名ほど東大への合格者を出す中堅高校だ。部活にも力を入れているようで、午前中だというのに、グランドではジャージ姿の生徒が真剣な表情でテニスをしている。

アポイントはないが*、進路指導の先生に会い、来年度も学生を送ってくれるようお願いするのだ。事務室で尋ねると、愛想のよさそうな進路指導担当の先生が出てきてくれた。

「昨年、貴校からはS短大に12名の入学者がおりました。とくに東田君と南野さんは私の担当の英語授業でもたいへん熱心に頑張っています」

東田君と南野さんは可もなく不可もない生徒だが、「物は言いよう」である。

「そうですか。S短大からは地元の地銀*にも何名か就職しているようですね」

「ええ、女子の事務職はまだ短大からの採用があります。来年度もよい学生を送ってください！」

2校目はM市のトップ校で、県内でも2番目の進学校とされるF高校である。

アポイントはない
平日、飛び込み営業的に高校を訪れ、進路指導教員に話を聞いてもらい、S短大のアピールをするのが目的だが、担当教員不在の場合もある。また「不在にしています」と断られることもあり（居留守の可能性もあるが）、パンフレットなど資料を置いてくる。

地元の地銀
地方だと公務員や大手メーカーと並んで、地元の地方銀行の人気が高い。よってそこへの就職実績が高校側にも高く評価される。今も昔も、大学・短大の就職先と就職率は、学生・保護者に厳しく評価されることになる。

授業の休み時間中にグランドを駆け回る生徒はいないようで校庭は閑散としている。90年代初頭の受験生バブル時代には、県内トップクラスの高校からも、毎年数名はS短大への進学者がいたのである（２０２3年現在となっては考えられない）。

事務室で尋ねると、20分ほど待たされて進路指導の先生がやってきた。

「お忙しいところ、ありがとうございます。貴校からは西岡さんと北沢君のふたりが本学に来ていまして、ふたりともやはり優秀ですね」

そんな報告をするが、さきほどの高校の先生よりも心なしか愛想がない気がする。持参してきた2人の成績表を見せようとするが、「そこまでしなくても結構です」と止められる。S短大のパンフレットも手にとってくれず、ちらちらと腕時計に目をやり、忙しそうな雰囲気を醸し出している。

「ぜひ来年度も貴校の優秀な生徒さんたちにお越しいただきたいと……」

早口で最後のお願いをして、斉藤さんとともに深々と頭を下げて、高校をあとにする。やはりF高校くらいのレベルになると、S短大へ進学者を送り込んでも進路指導担当者の評価は下がりはしても、上がることはないのであろう。けんもほろろな対応も仕方がない。

今日一日で６つの高校を回る予定だが、午前中の２校を終えた段階で汗びっしょりで、ワイシャツが肌に貼りついている。

12時をすぎ、昼食をとるため、県道沿いの定食屋に入る。弱冷房の店内でネクタイをゆるめる。

「昼食の予算は１０００円なので、お好きなものをお食べください」

斉藤さんは大胆不敵に笑う。県内進学校の校長を務めた斉藤さんは定年後、S短大で進路指導職員をしていた。30歳以上も年下の私に威張ることもなく、高校めぐりもやりやすいのは幸いだ。

これからさらに４校をこなすエネルギーをチャージしようと、われわれは１０００円の豚生姜焼き定食を注文し、かき込む。２人分の伝票を持ってレジに向かうと、消費税（当時）がついて２０６０円。思わず隣にいる斉藤さんの顔をのぞきこむ。

S短大で経理を担当する、銀縁メガネに地蔵顔の田岡事務長*はお金に細かい。授業に必要なコピーを取っていると、「それ以上コピー取らないように！」と、

田岡事務長
S短大とS学校法人を統括するのが、最初に面談した草田事務局長。彼は多忙でS短大に顔を出すのは週に1回程度で、S短大職員の実質トップはこの田岡事務長だった。神経質な性格で、経理から学生生活指導、カリキュラム編成などに目を光らせていた。

目をつり上げて怒鳴りつけられたこともあるほどのどケチである。斉藤さんの後ろに田岡事務長の顔が浮かんで、まさかこの60円は自腹を切らされるのではないかという疑念が湧いてくる。「このくらいはどうにかしましょう」という斉藤さんの言葉に一安心。気合を入れ直して、クルマに乗り込むのであった。

午後、予定どおり4校を連続して回り終えたころには、あたりはすっかり暗くなっていた。助手席で爆睡する斉藤さんを自宅に送り届け、無事帰宅したのは夜の9時すぎだった。

翌月、給与明細を見ると、「日当500円」がついている。田岡事務長に確認すると、「ああ、それ、入試営業の手当。遠慮しないでいいですから」。

朝5時起きで夜の9時まで歩きまわって500円……。日当はいらないから、せめて往復のガソリン代だけでも請求させてもらいたいものである。

某月某日 学園祭はつらいよ：弱小短大の哀しみ

毎年11月、Ｓ短大では学園祭が開催される。

大学の学園祭というと、学生主体のお祭りで、学生がサークルやゼミなどを通じて発表会をしたり、有名人の講演や芸能人のライブステージ*が開催されたり、出店でにぎわったりするイメージがあるだろう。私の学生時代も、多くの人でにぎわうキャンパスを非リア充の男友だちと見てまわり、ナンパもできぬまま砂を噛むような思いをしたものである。

ところが、Ｓ短大での学園祭は違っていた。主人公は学生ではなく、教員なのだ。教員が主体となって、出店計画、設営から片付けまですべてをやらねばならない。

短大側としては、年に1回のハレの場として、学生たちをディスコや出店などに参加させ盛り上げ、近隣の高校生や住民にもＳ短大の存在をアピールしたい思惑がある。

しかし、学生数４５０名と、高校程度の生徒数しかいないＳ短大では、ゼミ生のみにまかせておいては、出店や催し物を出すほどの規模の学園祭は開催できない。また、周囲を田んぼに囲まれ、もっとも近い駅まで徒歩20分という〝恵まれ

芸能人のライブステージ
KG大でも、これまでに、いきものがかり、コブクロ、ナオト・インティライミ、M－S－Aなどのライブステージが開催された。ゼミ生の中には卒業時に「学祭でM－S－Aのライブを観れたのがKG大での一番の思い出です。あのときだけは、心からKG大に入ってよかったと思いました」と言った女子学生もいた(涙)。

た環境〟のS短大では、一般のボランティアの方にお願いして学園祭を手伝ってもらうこともどだい無理な相談だった。必然的に高校の文化祭のごとく教員主体にならざるをえない。

そもそも来場者も、現役学生と卒業生、その保護者、そして近隣の小・中・高の生徒がちょろっといるくらいのもの。知名度もなく、宣伝もしないので、学外には知れ渡ることもない。* わざわざ電車を乗り継ぎ、徒歩20分以上かけて、S短大の学園祭に来ようという酔狂な一般人などまずいないのだ。

さて、今年の学園祭の出店について、ゼミ生との議論が始まった。

「出し物は何にしようか?」と私が水を向けると、1年生でゼミ長の松永君が「たこせんはどうですか?」と応じた。半分に割った平たいえびせんべいに、たこ焼き*3個を挟んだおやつで、関西ではよく食べられているらしい。

それを聞いたほかの学生たちから「それならたこ焼きのほうが売れますよ」「でも、たこ焼きは作るのが難しいからなあ」と意見が百出する。2年生のゼミ長の金田君が「カレー、牛丼、ラーメンがいいのではないでしょうか?」と発言

知れ渡ることもない
知れ渡ることもないのだが、ゲストにブレイク直前の飯島直子氏を呼んだことがあり、どこで聞きつけたのか、このときばかりはいつもはスカスカの講堂が半分ほど埋まった。芸能人の集客力のすごさを実感する出来事だった。

たこ焼き
関西に移り住んで、「粉モノ」と呼ばれるたこ焼きやお好み焼きに対する関西人の愛情に驚いた。KG大キャンパスにもかつては屋台のたこ焼き屋

があり、ランチ時に学生で賑わっていた。

すると、レストランでバイトしている松山さんが「カレーも、牛丼も、ラーメンも、おいしいルーやタレを作るのは職人芸ですよ」と反論。ゼミではほとんど発言のないＳ短大の学生諸君も、こんなときには侃々諤々（かんかんがくがく）の議論で元気がいい。

議論の結果、ホットドックの屋台をすることに決まった。これならホットドック用のパンを買って、温めたソーセージを挟むだけで楽だからである。

こうしてパンとソーセージの仕入れからテントの設定、呼び込みや販売と会計報告、そして後片付けまで、汗と涙と無償の３日間の宴（うたげ）（教員にとっては運営業務）が始まった。

ゼミ長の松永君と金田君に指示し、私も汗だくになりながらテントの設営。さらに食品衛生上、必須の検便を金田君に保健所でやってもらい、許可を得る。買い込んできた材料と調理器具を揃えて、学祭開催と同時に呼び込みスタート。女子の松山さんの声が小さいので「ホットドックおいしいですよ！　３００円で〜す！」と私も呼び込み、数少ない来場者にアピールする。

２日間で仕込んだホットドックを完売させ、会計も数人の学生を監督しながら無事に終わらせた。

S短大では、学園祭のラスト3日目にダンスパーティー*が恒例になっており、学生が体育館に集まり、ディスコミュージックにあわせて狂喜乱舞する。その間もわれわれ教職員は万一に備えて、交代でディスコを見張る。こうして無事に〝教員主体〟の学園祭はフィナーレを飾ったのだった。

その翌日、目を覚まし、枕もとの時計を見ると、午前10時半！　私の心臓は縮み上がった。

最終日翌日は後片付けの日にあてられており、教職員はみな朝9時前に大学に集合することになっていたからだ。疲れすぎて泥のように眠った私は1時間以上寝坊してしまったのだった。

慌てて身支度をしていると、部屋のチャイムが鳴った。ドアを開けてみると、心配顔の松山さんが立っている。

「先生が来ないんで、呼びに来たんです」

「……あっそうか。ごめん。すぐに準備をするから……」

それにしてもわざわざ家にまで起こしに来てくれるなんて、気が利いている。

ダンスパーティー
古今東西、学生はダンスが好きで、汗を流しながら激しく踊る姿を見ながら「若いって素晴らしい」と感慨にふけった。私の隣では同僚教員が「ボディコンの女性がいれば最高なんですが」と不満気につぶやいた。

５分ほどで身支度を整えて、外で待っていた松山さんと一緒にキャンパスに向かう。

「わざわざ家まで、ありがとうね」

私がそう言うと、松山さんが明るい声で言う。

「先生が来てくれないと全然片付けが進まないんで、みんな困っちゃって。それで、誰か多井先生呼んできてってなりまして……」

なるほど、片付け要員として必要不可欠な人材と評価されたわけか……。キャンパスまでの足取りが重くなる私であった。

某月某日　**義務としての慰安旅行**：クタビレルだけの悪夢

矢野学長*以下、教職員25名を乗せた貸切バスは一路、伊豆に向かっていた。この日はＳ短大の慰安旅行で、伊豆を中心に静岡県での２泊３日のツアーが組まれている。

矢野学長
もともとは法政大の経営学部長だったが、草田事務局長がＳ短大の学長として引っ張ってきた。会計学の権威でふだんから温厚な紳士だったが、学長になった経緯もあり、事務局長より権限のない、いわゆる「お飾り学長」だった。

名目上は「自由参加の慰安旅行」となっているが、実質的には教職員全員が強制参加の旅行である。集団行動の苦手な私としては、できることなら行かずに済ませたいのが本音だ。しかし最若手の私にNOと言える権限などない。

朝8時に大学を出発したバス車内では、早々に酒盛りが始まっていた。「アルコール類飲み放題、つまみ食べ放題」で、参加費3万円の元を取ろうと、みんな昼前にはできあがっていた。

予定どおり下田開国博物館の観光を終え、この日の宿泊先である伊豆の旅館に向かう道中、バスが渋滞に巻き込まれた。

動かないバスの中でみながそわそわし始めた。かなり飲み食いしたため、トイレに行きたいのだ。一番前の席に座った職員兼教員（専任講師）*の浦木さんが切迫した声で、バスガイドさんに問うている。

「あとどのくらいかかりそうですかね？」

「しばらくは抜けられそうにありませんね」

バスガイドさんが申し訳なさそうにつぶやく。彼女に聞いてもわかるわけがない。

職員兼教員（専任講師） くわしくは後述するが、浦木さんは「事務職員」と「教員」を兼ねていた。私は、事務職員が教員を兼務するこのようなケースを他大学で見たことはない。

さらに数分がすぎ、バスはさきほどからほとんど変わらぬ位置に停まったままだ。するとさっきから激しく貧乏ゆすりをしていた浦木さんが後ろを振り返りながら叫んだ。

「誰か、一緒に立ちションに行く人いませんか？」

曲がりなりにも「最高学府」に属する教職員たちである。さすがにこんなみっともない誘いには乗らないものと思っていると、男性陣は「俺も」「私も」と次々に手を挙げている。こうなってくると、まだしばらくは我慢できそうだと思っていた私も「念のために行っておこうか？」と思えてくるから不思議だ。

というわけで、ここぞとばかりに男性教職員十数名がバスを降り、路肩で立ちションにおよんだ。

「おお～、助かったよ」などと言いながら手を洗うこともなくバスに乗り込んでくるわれわれに、バスガイドさん以下女性職員がきつい眼差しを投げかけたのは言うまでもない。

バスは予定より２時間ほど遅れて、午後７時すぎに宿舎に到着する。宴会の時間は6時スタートと決められていたため、着くやいなや夜の宴会がスタート。もうずいぶん飲んだはずなのに、まだまだ「元をとろう」とする教職員の飲み食いが続き、文字どおりの「無礼講*」となった。

まだハラスメントという概念が希薄な時代。経営学の富永教授は酒が入ったことで豹変した。大声でハメハメハ大王の歌を歌いながら、女子職員に呼びかける。

「ステージ上で踊らんかい!」

ふだんはおとなしく、紳士的な富永教授の命令に、渋々したがう女子職員たち。ステージに上がり、フラダンスの真似事でお茶を濁そうとすると、

「ほらほら、もっと脚をあげんかい!」

宴会場に富永教授の怒号が響く。フラダンスでどう脚を上げればいいのかわからずにステージ上で右往左往する女子職員。

そんなステージとは別に、私のもとにやってきた浦木さんが、

「多井さん、新婚生活はどうですか? 私は3度目の結婚なので酸いも甘いもわかるんですよ!」

と大声で叫ぶと、それを聞きつけた矢野学長が、「新婚の多井を侮辱するとは

無礼講
還暦近いあるベテラン教授は酒が入ったためか、自分の年収を赤裸々に語ってくれた。その教授が言うには、S短大では50歳を超えると4・5カ月分のボーナスが出なくなる仕組みで、「私なんて月給43万円の年収516万円だよ」。教職員ほぼ全員、給料の安さについて不満を持っており、この宴会がうっぷんを晴らす場となったようだった。

許せん！」とつかみかかる。泥酔した浦木さんも「多井のことは学長よりも私のほうがよくわかっている！」と応戦し、教職員と学長が立場を超えてつかみ合うという阿鼻叫喚（あびきょうかん）の図。ビールしか飲まない私は、そのころにはすっかり酔いも冷め、シラフで取っ組み合いを眺めながら、「こんな慰安旅行、＊もう二度と来るものか」と心に誓うのであった。

なお、この2泊3日の慰安旅行は翌年以降、1泊のみとなり、私は「生まれたばかりの長男の面倒をみなくてはならない」を大義名分に無事欠席させてもらったのである。

某月某日　引率：疑惑のホストファミリー

S短大では毎年、希望者を募って、カナダ・バンクーバーへの7泊8日の英語研修旅行が恒例行事になっていた。「国際的なプログラムを導入し、英語レベルの向上を図る」という題目で、学生にも人気だった。そして、この研修旅行にお

こんな慰安旅行
その後、赴任したT国立大でも現在のKG大でも、こうした泊りがけの旅行自体がまったくない。旅行に行くにしては人数が多すぎるし、教員それぞれが忙しくて時間がとれないだろう。一方、S短大の経営陣には、弱小大学の共同体として教職員全体の結束力を高め、共同体のオキテを周知する意味合いもあったのではないだろうか。

ける引率は、赴任1年目から私にお鉢が回ってきた。

「多井さんは英語ができるんだから、お願いしますね」

草田事務局長は平然とそう言い、私は否応なく引き受けることとなった。それ以来、なぜかこの引率は毎年、当たり前のように私が担当することになった。旅費・宿泊費・食事は出るものの、手当などはいっさい出ない。有無を言わさず無償の仕事を押し付けるテクニックは、さすがS短大である。

この年は25名の学生から参加希望があり、私ともうひとりの教員が引率して、一行27名はカナダへと向かった。現地ではＪＡＬのコーディネーターがひとりついてフォローしてくれることになっている。

バンクーバーに到着して初日、ホームステイ先の家族と学生たちが対面する。カナダのホストファミリーはみな朴訥（ぼくとつ）として感じのいい人たちばかりで、毎年、和気あいあいとした雰囲気で迎え入れてくれるのでありがたい。

研修旅行を楽しみにしていた2年生の飯山ほなみさんはさっそく得意の英語で、ホストファミリーのキャンベルさんと親しげに話している。ホスト側も楽しみにしていたらしく、どことなくクマのプーさんを思わせる大男キャンベルさんもニコニコと笑顔で飯山さんとハグしている。

　彼女のように流暢に話せる学生ばかりではなく、どぎまぎしている学生には教員が寄り添い、臨時の通訳係としてホストファミリーにうまくつないでいかなければならない。学生が帰りたいと思ってもいけないし、ホストファミリーに失礼があってもいけない。引率教員は各所への目配り*が欠かせないのだ。

　その日から7泊8日の日程で、学生はそれぞれのホームステイ先に宿泊し、そこから現地の英会話学校へと通う。われわれ教員はといえば、夜はＪＡＬのコーディネーターが手配してくれた安ホテルに泊まり、朝、学生たちと合流し点呼、日中は英会話学校で学生の授業を見守る*までが仕事である。

　3日目の朝、点呼前のことだった。飯山さんが私のもとへ来て、「多井先生、ちょっといいでしょうか」と手招きする。２人でその場を離れ、「どうしたの？」と聞くと、「ホームステイ先のファーザーがおかしくて」と口ごもる。

「どんなふうにおかしいの？」

「昨晩、家で夕食をとったあと、クルマで近くを案内してくれると言うので、２人でクルマに乗ったんです。しばらく走ったところで、『このあたりのモーテル

各所への目配り
われわれ教員は朝7時起床、ホテルで朝食をとり、午前中から英会話学校で学生の授業を監督。昼食は学生とともにとり、夕食はＪＡＬのコーディネーターとともにした。夜にもパーティーなどのイベントが開催されることがあり、その際は学生の監督役で参加する。朝から晩まで問題がないかを見張らなければならず、精神的にも疲れる仕事だった。

学生の授業を見守る
授業を一緒に見学するのも仕事の一環。時差ボケでうつらうつらしそうになったが、教員の居眠りを見せるわけにはいかない。歯を食いしばり、太ももを思い切りつねって我慢した。

で休憩していかないか』なんて言うんです」

「ええ！」思わず声が出た。ホームステイ先となるホストファミリーについては、提携先である現地の学校が身元を保証している。だが、すべての人が聖人君子というわけでもない。キャンベル氏の顔が思い浮かんでくる。そう言われれば、どことなく好色そうな雰囲気があった気もする。

「断ったんだよね？」

「もちろん断りました。昨日はそのまま家に帰りましたが、また誘われたらイヤだなって」

私はすぐにＪＡＬのコーディネーターにその旨を伝えて、キャンベル氏を呼び出した。

「飯山さんから、あなたが彼女を誘ったという話を聞いているのですが」

「いや、そんなことはしていません」

「本当ですか？」

「神に誓って本当です。一緒にドライブに行ったのは*事実です。でも、彼女を誘うなんてあるわけがない。英語に慣れていない彼女が、何か聞き取り違いをした

一緒にドライブに行った 当然、キャンベル氏は妻も子どももいる。学生を

のでしょう」

ここまで言われてしまえば、それ以上追及のしようもない。

「わかりました。ホストファミリーとして信頼していますから、２人だけのドライブなど誤解を招くような行動は慎んでください」

「誤解を招くようなことをしてしまい申し訳ない。気をつけるようにします」

キャンベル氏にはそう約束してもらい、飯山さんには嫌なことがあれば毅然とＮＯと言うことと伝えて、ホームステイは継続することになった。

その日の夜、寝ようとすると、飯山さんとキャンベル氏の顔が浮かんできた。まさか今晩も飯山さんを誘ったりしていないだろうか。そう考え始めると悪い想像はどんどん広がっていった。

強引にモーテルに誘ったら飯山さんが断って、キャンベル氏がカッとなって……。〈Ｓ短大生、カナダ研修旅行中の惨劇！〉なんて週刊誌の見出しまで浮かんできた。あんなことがあったのに、今晩も彼女をキャンベル氏の家に泊まらせたのは、引率教員として最悪の判断ミスだったのではないか。

〈Ｓ短大引率教員の大失態！〉縁起でもない見出しが次々に頭を占拠し、冷や汗

もてなそうとするなら、家族総出でドライブとなろう。そもそも女性を2人きりで夜のドライブに誘うときに下心のない男などいるのだろうか。

が噴き出て、ベッドから飛び起きた。世間から糾弾され、当然私は職を失うだろう。幼子を抱えて一家3人は路頭に迷う。飯山さんの親御さんにもなんとお詫びしたらいいのか……。悪い想像は果てることがない。

ただケータイ電話もない時代、私にはどうしようもない。ベッドの上であぐらをかいた私はそのまま、まんじりともせず朝を迎えたのだった。

心配しながら向かった合流場所で飯山さんの顔を見たとき、膝から崩れ落ちそうなくらい安堵した。「大丈夫だった?」と飯山さんに聞くと、「すっかりおとなしくなって、変な言動はありませんでした」との答え。飯山さんが大丈夫そうだというので、ホームステイも続けることになったが、最終日まで取り越し苦労をしつづけることになった。

そうして無事に旅程を終え[*]、成田行きのJAL帰国便に乗ったときには緊張がほぐれ、疲れがドッと出た。そのせいで、帰国直後から40℃を超える熱が出て、3日ほど学校を休むことになった。

草田事務局長が「多井さんは研修旅行でポイントを稼いだけど、その後の休みでプラスマイナスゼロになったな」と言い放ったと、同僚の教員が教えてくれた。

無事に旅程を終え
この研修旅行もバブル崩壊を受けてか、年々応募する学生の数が減っていった。草田事務局長からは「多井さん、本当に学生が集まらないので、どうにかなりませんか。なんとかして集めてもらわないと困ります」とさんざんプレッシャーをかけられた。私の所属最終年には、ついに応募者がゼロとなり、催行自体がキャンセルとなった。

某月某日　戦力外通告：理事会が強力なので…

いったん大学教授になれば一生安泰。その学部や学科がつぶれない限り、65～70歳の定年までクビになることはない。そう思われているかもしれない。

刑事罰にあたる判決が確定した犯罪行為、ハラスメント行為、入試問題の漏洩（ろうえい）、学歴や学術論文の詐称……これらが認定された場合を除き、だいたいこの図式は該当する。だが、例外もある。

皆川専任講師*は、30代後半の経済学担当の教員だった。中学教諭の奥さんとのあいだに3人の子どもがいて、名古屋の専門学校でも教えつつ、北陸の自宅から、甲信越のS短大に週に2日出講していた。北陸→名古屋→N県S市、と1週間で中部地方一周をクルマで回りながら教えていた。

皆川講師の学内での評判は良くなかった。ゼミ生の面倒をみない、学生との食事会もほとんどない、雑務も引き受けない、と事務方には不評だった。ゼミ説明

皆川専任講師
明治大政経学部を経て、名古屋大大学院博士課程単位取得満期退学という経歴だった。S短大に来る前に、名古屋大の恩師から沖縄の大学の専任講師の職を打診されたものの、家庭の事情で赴任できず泣く泣く断ったら、それ以降、恩師から声がかかることはなくなったと嘆いていた。

会の内容と実際のゼミが違っていたために、ゼミ生の一部にも不興を買ってもいた。ゼミ生集めのためか、「経済知識ゼロでも勉強できる」と宣伝しておいて、実際は難易度の高い、自分の専門分野の論文を読ませたのだ。ゼミ生からは「裏切り者」の意味で「デビルマン」*と呼ばれていた。

1週間かけて中部地方を教えて回るので、地元に落ち着いていないことも問題視された。事務サイド、とくに理事会としては、教員はS市に定着して、授業のない日も学生の面倒をみるためにS短大に出講するのが望ましかったのだ。

あるとき、事務室に行くと、田岡事務長が地蔵顔を真っ赤にして、電話相手に怒鳴っていた。

「そんな非常識なことはないでしょう！　今度で4回目になりますね！」

学内のトラブルには目がない私は聞き耳を立てた。

「皆川さん、あなたは学生のことをどう思っているのですか？」

用もないのにコピー機の周囲を確認したりしながら時間を潰し、田岡事務長が受話器をおろしたタイミングで私は尋ねた。

「偶然聞こえてしまったのですが、皆川さん、何かあったのですか？」

「デビルマン」
1972年に発表された、永井豪原作のマンガ・アニメ。アニメの「デビルマンの歌」（作詞・阿久悠、作曲・三沢郷）に「裏切り者の名を受けて、すべてを捨てて戦う男」のフレーズがある。

「皆川さん、事前連絡せず、授業が始まって40分も経ってからようやく休講を連絡してきた。その間、受講生は待ちぼうけだよ！」

田岡事務長は「そもそも北陸から毎週ここに通うことが無理筋なんですよ！」と言い捨てた。

雑務もせず、学生の評判が悪いうえ、これまでも何度か連絡なし休講があり、今回の件でついに田岡事務長の堪忍袋の緒が切れた。田岡事務長は草田事務局長と協議のうえ、彼の辞任を求めることで一致したらしい。

とはいえ、皆川講師は犯罪行為をしたわけではない。家庭の事情があるかもしれないし、そもそもS短大の薄給を考えると、ほかで教えないと生活ができないともいえる。皆川講師にもきっと言い分*はあるだろう。そして、この程度の問題教員なら、ほかの大学にいくらでもいるレベルで、それをもって正規雇用の専任講師を辞めさせることなどできない*はずだ。

だが、翌年度から皆川講師をS短大キャンパスで見ることはなくなった。事情通の教授が教えてくれたところでは、ふたりは皆川講師を呼び出し、これまでの問題をあげつらい、無理やり合意させて〝辞任〟させたのだという。本人も本意

言い分
皆川講師の言い分は、一番下の子が熱を出し、奥さんも休めずに急遽帰宅したが、休講の連絡が遅れてしまったというものだった（当時、携帯電話はまだ普及していなかった）。同情する面もないわけではなかったが、一報を入れることくらいはできるはずで、常識に欠けると思われても仕方ない。

辞めさせることなどできない
皆川「専任」講師は、毎年契約更新の非常勤講師とは異なる。S短大開設当時からのメンバーで、終身在職権（「テニュア」と呼ばれる）を持っている。

ではなかったらしいが、これまでの「連絡無し休講」などの不手際を認めざるを得ず、最終的に自主退職を呑んだのだという。

このケースは、事務局＝理事会が強力なS短大だからこそ起こりうるものである。後述するように教員の立場が強いT国立大やKG大では、この程度でクビにされることはない。T国立大もKG大も教員組合があり、いざとなればそこに駆け込み、団体交渉することもできるが、S短大には組合も存在しないのだった。

その後、皆川講師がどうなったのか、私は知らない。彼の名前でネット検索してみても研究業績が出てこないので、アカデミックな世界を去ってしまった可能性が高い。

この事件で私はS短大の事務局＝理事会独裁の怖さをあらためて感じ、なるべく早くここから抜け出さねばならないと決意したのだった。

某月某日 「経費削減」の名のもとに：有無を言わさぬ命令

このようにS短大は典型的なトップダウン体制だった。権力を握るのは理事会、とくに事務局長で、あらゆる政策決定を独裁的に行なっていた。

たとえば、新入生の入学数なども教授会で理事長から一方的に発表があるのみで、専任教員は口を挟むことができない。教授の年収についても「国立大に準ずる」*という説明のみで、金額の根拠も説明皆無。物事はすべて事務局長（理事会）が決定し、教授会はそれを追認する場でしかなかった。

創設者が理事長を兼ねるS短大のような私学は、まわりをイエスマンで固めて、教育・研究方針などすべてを決めることができる。また、組合もなければ、被雇用者にすぎない教職員は、必然的に上からの命令に逆らうことが難しい環境となる。

S短大に在籍して2年がすぎるころになると、私は真剣に転職を考え始めていた。年収の低さ、トップダウン型の体制、阿鼻叫喚の慰安旅行などなど、嫌気がさす出来事はたくさんあったが、決定的だったのが、研究に対するS短大経営陣の無理解である。

S短大の専任講師の中には事務職を兼ねる人もいた。前述の浦木さんがそう

国立大に準ずる
2年目からは、辞令交付前にクシャクシャの国立大の俸給表（らしきもの）を示しながら、草田事務局長から口頭で説明があったが、なぜその基本給なのかは最後までわからなかった。次章で詳述するように、T国立大に移籍して、即座に年収が倍近くあがったことからも、S短大の年収が「国立大に準じて」いなかったことは明白である。

だった。浦木さんは、もともとは事務職員として雇用された。当初は事務職に従事していたが、教えるのも得意で、そのままＩＴ関係の専任講師になった。パソコンが普及していなかった当時、理工学部出身者の浦木さんが少し勉強すれば「専任講師」になれたのだ。小・中・高で教えるには教員資格が必要だが、都合のよいことに（？）大学教員に資格は必要ない。*

私より5歳年上の浦木さんは裏表のない快活な性格でウマが合った。親しくするうちに、彼は「ＩＴ関連」の専任講師を皮切りに、Ｓ短大の中で助教授、教授とステップアップしていく出世コースを夢見ていることがわかった。

だが、彼は修士も持っておらず、学術論文もなかった。そもそもその分野について研究をする気もないようだった。

あるとき、「ゼミ生が研究室に居座るとおしゃべりの場となり、なかなか自分の研究に打ち込めないんですよ」と私がぼやくと、「研究なんて、学生が帰ってからで十分でしょ！　5時すぎにはだいたい学生も帰りますしね」と鼻で笑った。彼にとって重要なのは学内雑務と教育で、研究は二の次だった。

ただ浦木さんのこうした姿勢は経営サイドにとって好都合だったようだ。利益

* **大学教員に資格は必要ない**
博士の学位あるいはそれに相当する単著学術本が大学教授の資格ともみなせるし、新大学や新学部を創設の際には、専任教員の履歴と業績が、文科省の審議委員会で厳しくチェックされる。Ｓ短大も設立時には、そうしたチェックを受けた専任教員が中心だったが、2年をすぎると文部省（当時）からのチェックもなくなり、学内独自の基準（これがクセモノ）で、教員の採用や昇格を行なえた。

につながらない研究などせずに、職員が事務仕事をこなしながら教員を兼任すれば、経費削減にもなるからだ。そして、実際に浦木さんは職員兼教員として、カリキュラム編成などに辣腕を振るっていた。

ある年の夏休み期間に研究のためにS短大に顔を出したところ、浦木さんに呼び止められた。

「多井さん、これから教室のモップがけするので手伝ってよ！」

有無を言わさぬ命令で、エアコンが止められた教室を、汗まみれになってモップがけした。冬場の積雪時、早出して職員と一緒になっての雪かきを命じられたこともある。私はこれらの仕事を軽んじているわけでも、大学教員が偉いと思っているわけでもない。本来なら業者がやるべき業務を「経費削減」の名のもと、次々に専任教員に回してくるS短大の姿勢に不信を覚えた*のだ。S短大では、研究よりも学内雑務が優先されているのは誰の目にも明らかだった。

S短大に赴任して3年目の夏休み、私は自腹で北米に飛び、現地でのリサーチを行なった。カナダ、アメリカそしてメキシコの外交関係を調べるための出張

不信を覚えた
ある年、S短大では学科定員２００名に対して、倍以上となる４５１名もの学生を入学させた。教授会では「１９９２年度に18歳人口が２０５万人とピークに達するため、その前後の8年間は、文部省（当時）から臨時措置が認められている」と説明された。だが、実際には、文部省に報告した入学者数は２８１人で、１７０人も過少報告していた。「幽霊学生」が１７０人いたことになる。「幽霊学生」が納付する学費はすべて裏帳簿に回されて、短大の資金

だった。充実したリサーチができ、今後の研究論文に活かせる本や資料なども集めることができた。

帰国した翌日、私は研究活動の成果と現地のお土産を携えて事務室を訪れた。意気揚々と活動の成果を報告しようとした私を、田岡事務長は手のひらをヒラヒラさせてさえぎった。そして、それ以上話すなといわんばかりにこう言い放った。

「多井さん、ようやく帰ってきたんですか。ちょうど図書館で本の整理と掃除をやっているから、今すぐに加わってくださいよ！」

私は彼の指示にしたがい図書館に向かったが*、教員を雑務のための存在とみなすその言葉に深く失望したのだった。

某月某日

チャレンジと挫折：公募に落ち続ける

S短大に愛想を尽かせた私は転職のための情報を集めつつ、いくつかの「公募」にチャレンジし始めた。

となっていた。後年、文部省は「幽霊学生」の存在を把握し、S短大に調査と説明を求めた。学生納付金だけで21億円の裏金が生まれていたという。二重帳簿をつけた責任者である草田事務局長は責任を取って辞任した。事件が発覚したときには私はすでにS短大を去ったあとだった。在籍中から「不信」は覚えていたが、まさかここまでのことをしているとは思いもよらなかった。

図書館に向かった 田岡事務長の手前、一応図書館には行ったが、腹の虫が収まらず、図書館

大学専任教員の「公募」とは、大学が主要大学院などをもつ研究機関に送る求人票を指す。「公募」を見つければ、履歴・業績書などを郵送し、その後、書類選考を通ると、面接を経て、職に就く。このあたりは一般のバイト募集と同じだ。ただJREC-IN Portal*（ジェイレックイン・ポータル）などない１９９０年代初頭。S短大宛の公募情報はほとんどなかった。私は日帰りで東京まで足を延ばし、母校・S大学や都内の主要大学の大学院生用研究棟の掲示板で「国際政治」「政治学」「英語」といった公募情報を目を皿のようにして見て、可能性のありそうな情報をメモしていく。

４月に新学期を迎える大学にとっては、その前年の7月～9月ころまでに募集をかけて、どんなに遅くとも年内には人員を決めておく必要がある。セミの幼虫が地上に這い出てくる季節から、私は各所に履歴書を郵送し始めていた。

まず、亜細亜大、梅花女子大などの英語教育関係の「公募」に応募するも音沙汰なし。これらの大学では、第二言語としての英語教育法などの専門を持ち、私よりはるかに専門性で上回る候補者がいたのだろう。

そうして数カ月がすぎたころから、私は自分の専門分野である国際関係に絞っ

司書さんに「北米から戻りました。お土産が事務室にありますよ」とだけ告げて、時差ボケする頭でそのまま帰宅した。翌日以降、田岡事務長から注意を受けるかと思っていたが、どうやら彼は私に命じたこと自体を忘れていたようで何事もなかった。

JREC-IN Portal
科学技術振興機構が運営する大学教員・研究者向けのウェブサイト。キーワード検索などで、公募情報（大学教員に対する求人票）を検索し、応募することができる。S短大時代はウェブもパソコンも普及しておらず、これを見た記憶がない。後年、どんな職が公募されているか時折のぞくようになり、「神戸大で私の専門分野の公募が出てる！」など一喜一憂したりしていた。

て、明治学院大やプール学院短大などの公募に応募し続けた。

私が公募にトライ*し続けているのを知った、同僚の谷垣助教授には「大学教員の採用なんて、ほとんどコネであらかじめ決まっているんだよ」と忠告された。

たしかに当時はそうした側面が強く、指導教授のコネで正規の教員になっていく話もよく耳にした。そうは言われても、コネのない私*にとってはどうにかして公募にチャレンジし続けるしかないのだった。

ある大学の公募で書類選考を通り、「最終面接」の通知を受け取った。その大学では、4年制私立大をS県に創設するので、国際関係の教員候補として最終面接に来てくれという。私は東京の会場まで面接に赴いた。

「キミは、一体全体、どんな科目が担当できるのかね?」

面接官で、学長になる予定だという教授は、最初からケンカ腰だった。

「国際関係論や国際関係史を短大で教えております。とくに北米の戦後外交が専門です」

ケンカ腰だろうが、私にとってはS短大を脱出する蜘蛛の糸である。あくまで

公募にトライ
公募に見せかけて、内実はコネで内部昇格が決まっていることもあるらしい。『大学動物園』(矢吹樹、文芸社)には「公募」なのに結果が決まっている教授選の内幕が描かれている。コネではないという「アリバイ作り」のための公募もあるのだ。

コネのない私
この当時はまだまだコネでの就職が主流だった。コネのない私は、地方紙の広告欄で見つけた『大学教授になる方法』(鷲田小彌太、青弓社)を即購入して、読み漁ったりしていた。この本は私にとって転職のためのバイブルとなった。

低姿勢で質問に応じた。

「ふーん、そうか。そんなもんか。ほかにも教えられるものはいそうだな」

学長予定者の教授の隣に座る事務職員らしき人が、私の履歴・業績書を広げながら、何やら説明している。教授は私の書類をその場で初めて目にするらしく、私についての基本的な情報は何も持っていないようだった。話は弾まず、面接はわずか10分で終わった。

これはダメだろう。あまりにも手ごたえのない面接*に肩を落として帰ろうとしたところ、当日に面接を受けに来ていた男性に声をかけられた。今後の就職活動の情報収集のため、われわれは喫茶店に向かった。小柄で真面目そうだが、サイズの合わないダブダブのスーツを着た男性は江川と名乗った。

「私は今、岐阜市立女子短大で教えていて、条件は悪くないのですが、どうしても４年制大学で教えたいんですよ」

「市立短大なら経営基盤がしっかりしているし、いいですね。私のほうは私立のＳ短大で教えているのですが、やはり年収も低いし、家族もいるので、転職を考えていまして」

＊手ごたえのない面接
銀行のときもそうだったが、やはり面接の感触でだいたい自らの合否がわかるものだ。面接がスタートして早々に手ごたえがないと、心が折れ、ただただ砂を噛むような時間が流れていく。

詳しく話を聞いてみると、すでに「博士号」も取得し、研究ができる環境も整い、年収もそこそこあるらしい。たとえこの新設大学に採用にならなくても、潰れる可能性がない市立女子短大で教えている江川さんからは余裕のようなものも感じられた。その江川さんからショッキングな言葉が出た。

「この大学は慶応大の学閥が強いんですよね」*

「ええ、そうなんですか！」

学閥とは、同じ大学出身者が形成する派閥のことで、大学内では非常に重要な役割を果たす。採用人事のコネの中でももっとも強いのがこの学閥ともいえる。実際に学閥人事が強い大学だと、教員の大部分をその大学出身者が占め、同じ大学の先輩や後輩だらけということもある。慶応大の学閥が強いとなると、この大学に私が採用される可能性はますます低いことになる。

果たしてこの2週間後、私のもとには「貴意に沿えず、残念ながら……」という手紙が届いた。ダメだろうと覚悟はしているものの、実際に不採用の通知を受け取ると、自分自身を否定されたような気持ちがするものだ。はてさて、あの江川さんのところには採用通知が届いたのかどうか、そんなことを考えつつ、私は

慶応大の学閥が強い
早稲田大とくらべても、慶応大の卒業生の結びつきは強い印象がある。慶応大は卒業生の集まりである「三田会」を中心に結束が固い。私立大の収入は基本的に「学費」「事業収入」「国からの補助金」「寄付金」である。慶応大は抜群の寄付金収入を誇り、2022年度は67・9億円と、2位の創価大（47・6億円）を大きく引き離す（『文藝春秋』（2023年11月号）「慶應義塾の人脈と金脈」参照）。これも学閥の強さの証明であろう。また慶応大は法学部政治学科と総合政策学部があり、政治学関係の教員数も国内最高レベルであった。

桃山学院大
関西の大学業界では「摂神追桃」（「せっしんつい

不採用通知をゴミ箱に投げ捨てた。

この手紙が届いた日の夜のことだった。息子を風呂に入れ、あがったタイミングでリビングの電話が鳴った。

「桃山学院大*の職員で山根と申します。このたびは本学の国際政治専任講師の公募に応募していただき、ありがとうございました。書類選考を経て、最終選考の候補者になりましたので、お電話しております」

関西圏では名の知れた中堅の桃山学院大は給料が高いので有名だった。私にとっては垂涎（すいぜん）の的である。私の声は上ずっていた。

「ありがとうございます。いつごろ面接にうかがえばよろしいでしょうか？」

最終選考に残ったのはこれで２校目。もし桃山学院大に就職がかなえば、年収も今の倍以上になるはずだ。楽天的な私は電話の件をすぐさま妻に伝え、早くも大阪での楽しい生活*を夢見はじめていた。

10日後、大阪で行なわれた面接では、専門分野についてかなり突っ込んで聞かれた。面接官は３人の教授で、その中のひとりは「多井さんのご専門は珍しい部

とう」あるいは「せっしんおうとう」）と呼ばれる摂南大、神戸学院大、追手門学院大、そして桃山学院大が大学群として知られている。「関関同立」ほどではないものの、経営的にも安定していて、ある程度の学力レベルで、Ｓ短大よりもはるかに優秀な学生が通っている桃山学院大に行けたら万々歳だった。

大阪での楽しい生活
85ページの用語解説欄で、Ｓ短大の皆川講師が沖縄の大学への赴任を断った話を記したが、私は、専任職ならば、日本全国津々浦々どこにでも喜んで飛んでいくつもりだった。その覚悟で妻も小学校教師を辞めたというところもあった。その点、大阪なら、Ｓ短大のあるＳ市よりもはるかに都会で、問題などあるはずもなかった。

分もあるが、なかなか面白いね」と研究を高く評価してくれただけではなく、「私もN県生まれなので、同郷のよしみも感じるね」などシンパシーまで示してくれたのだ。東京での面接よりもはるかに手ごたえがある。

帰宅してからも興奮の治まらない私は、妻に「今回はいけそうだ」と自信満々に語った。

数日後、ポストに手紙が届く。だいたい良い知らせは電話で来るものだ。ポストに投函されていた桃山学院大からの手紙を見た瞬間、私はすべてを悟った。そして、お決まりの「貴意に沿えず……今後の貴殿のご進展をお祈り申しあげます」という通知を見たとき、自らの見通しの甘さに、妻に対しても自責の念を感じたのだった。

妻に伝えると、「惜しかったわね。でもまだ定職があるからいいわよ」と慰められたのがせめてもの救いだった。*

慰められた あるとき、妻が私の後ろ姿をぼうっと眺めながらつぶやいた。「あなた、背が高いのでみんな気づいてないかもしれないけど、頭頂部ハゲてきてるわね」「キミねえ、知らなくていいことを知ると、気に病んでますますハゲるんだよ」「それじゃあフサフサ」「……」。職場で嫌なことがあっても、彼女の励ましで救われたことが何度もあり、私にとって妻は精神的な砦（とりで）でもあった。

第3章

大学教授は儲かりますか？

某月某日 **夢の年収500万円超**：T国立大への転職

カナダの大学院修士課程で同期だった吉崎博士から、地方国立大のT大の公募情報（国際政治）が送られてきた。気の置けない友人である吉崎さんには以前、目につく公募情報*があれば知らせてくれるように、お願いをしていたのだった。

そのころの私は手当たり次第に応募していたため、もちろんT国立大にもダメ元で書類を郵送した。

秋も深まったころ、S短大での授業を終えて夕方に帰宅したタイミングで自宅の電話が鳴った。

「多井さんですか？」

「はい。そうです」

「多井学さんで間違いありませんね！」

くどいなあとちょっとだけイラッとしつつ「そうですが」と答える。

公募情報
吉崎さんが、彼の母校・同志社大に立ち寄った際に院生用掲示板に貼られていたものを見つけて、わざわざコピーして郵送してくれたのだった。吉崎さん自身もオーバードクターで無給のポスドク（ポストドクトラル・フェロー＝博士研究員）をしている最中だったので、自らの情報収集も兼ねていたのかもしれない。持つべきものは友だちである。

「わたくし、T国立大で人事を担当しております永森と申します」

イラッとした気持ちは即座に吹き飛び、姿勢を正しながら「はい！」と答える。

「多井さんを国際政治担当の専任講師の第一候補にしたいのですが、お受けいただけますでしょうか？」

「はい！　貴学が第一志望なので、喜んでお受けいたします！」

横で見ていた妻に言わせると、このときの私は直立不動で頭から抜けるような声を出したという。

電話では担当科目について細かく質問された。どうやら今すぐにでも決めたいという話らしい。

じつは、このとき、私はもう一校、A短大の最終面接まで残っていた。A短大は、S短大よりはレベルが高く、それなりに名の通ったキリスト教系の学校である。それまでのやりとりでも最終面接で落ちることはなさそうだという感触も得ていた。

だが、研究面では、A短大よりもT国立大のほうが断然条件がよいだろう。なにせ国立大だ。国立大だと、個室の研究室があり、研究費も今の5倍以上*はつく

研究費も今の5倍以上
S短大の年間研究費は12万円ポッキリ、英語の本を10冊も購入すれば終わるレベルだ。国立大なら少なくとも60万円はつくはずと私はにらんでいた。

だろうし、研究に取り組む環境は整備されている。2年制の短大だと教える学生もじっくりと面倒を見ることができない。

名声も私立のA短大より上である。地方国立大とはいえ、T国立大には医・歯・薬学部もあり、図書館も充実していて、それにも期待できた。これまで何度か面接で苦汁をなめてきた経験からも、A短大の最終面接で万一のことがないとも限らない。そんなこんなを勘案して、私はT国立大に行く決断をした。A短大には申し訳ない気持ちがあったが、断りの電話をかけ、採用担当の教授に説明し、納得してもらった。

11月上旬、永森教授から電話があり、学部の教授会の投票で私の採用が正式に決まったとの連絡を受けた。翌年の4月に赴任することを考えれば、大学側にとってもぎりぎりのタイミングだったのかもしれない。電話の受け答えで正式採用を察した妻が駆け寄ってきてくれ、手を取り合って喜び、ビール*とケンタッキーフライドチキンで祝ったのであった。

S短大では400万円に届かない年収も、T国立大に行けば550万円くらいまでは上がるだろう。子どもが生まれたことをきっかけに小学校教師を辞めてい

ビール
ビールは飲むのも好きだが、読むのも好きで、『ビール王国』という雑誌を定期購読している。また『酒のほそ道』（ラズウェル細木、ニチブンコミックス）、『孤独のグルメ』（久住昌之・著、

た妻をこれでなんとか安心させられる。私はこれまで目の前にかかっていた霧が晴れていく気がした。

その年の暮れ、私は初めてT国立大のあるT市を訪れた。不動産屋で住居探しをするのと、永森教授の研究室にあいさつ*にうかがうのが目的だった。

事前に連絡を入れておくと、永森教授は「まあ飲めや！」とウイスキーで歓待してくれた。T市の様子やT国立大の事情などを、関西弁のジョークもまじえつつ、ストレートに語る。私の業績を評価してくれて、採用の後押しをしてくれたのにくわえ、その飾らない人柄に私は魅了された。

宴たけなわとなったときに永森教授が思い出したように言った。

「ところで君はニッキョウじゃないよね？」

質問内容がよくわからなかった私は「ニッキョウソ*（日教組）には属しておりませんが……」と応じた。

赴任後に明らかになるのだが、T国立大の所属学部では、日本共産党（ニッキョウ＝日共）系の教授と、それに属さない、ないしは反対する教授との深刻な

谷口ジロー・作画、SPA！コミックス）、『ワカコ酒』（新久千映、ゼノンコミックス）といった漫画に出てくるビールのシーンを肴にビールを飲むのも至福である。

永森教授の研究室にあいさつ
私が採用されたのは、論文が永森教授に評価されたことが大きい。コネ採用が多かったこの時代、私のような採用のされ方は特殊な部類に入った。その点でも、純粋に業績を評価してくれた永森教授には感謝しかなかった。

ニッキョウソ
日本教職員組合の略称。日本の公立小中高などの教職員組合最大の連合体で、立憲民主党と社民党を主に支持。妻は小学校教諭時代、ニッキョウソに加入していたそうだが、私との結婚を機に辞めた。

対立があった。
　私自身は政治学を勉強したものの、ノンポリのリアリストであり、日本共産党とは無縁の立場だった。対して、永森教授は反ニッキョウ派の代表格で、学部の史学系教員などがニッキョウ一派*に占められていることに危機感を抱いていた。日本共産党の政策に違和感を覚えていた私としては、永森教授のスタンスに反対する理由もなく、さらに意気投合することになった。
　S短大は、大学当局が政治に関する団体を認めず（許可したとしてもそうした団体に人が集まりそうな雰囲気もなかったが）、立て看板も設置できないようになっていたのに対し、T国立大は政治に関心のある学生も多く、左翼活動もそれなりに盛んであった。社青同*の左翼過激派学生団体が部室を持ち、「米帝撲滅」などという立て看板を掲げて元気に（？）活動を行なっていた。学生運動家も時々、ヘルメットをかぶりマスクを着け、メガホンでアジ演説をしていた。S短大からやってきた私にとっては物珍しく、ビラを受け取ったこともある。「米帝国主義の問題」というビラを精読すると、それなりにマルクス主義の勉強はしている感じだった。さすがはT国立大である。

ニッキョウ一派
学部長も京大出身の〝ビンビン〟のニッキョウ系だった。そうしたこともあり、教員の採用時や学部内ポストでもニッキョウ系が優遇されていた。

社青同
日本社会主義青年同盟。社会党（当時）系の左翼過激派。現在は絶滅の危機に瀕している模様。

社青同系学生の中には、保守系の永森教授の研究室に出入りする者もいた。永森教授の研究室を訪ねたところ、線が細く、青白い顔をした男子学生が出て行った。「ゼミ生ですか？」と永森教授に尋ねると、「いや左翼過激派で、革命家になりたいそうだ」と言う。永森教授のもとに革命家になるための就職相談にやってきたのだろうか。永森教授は豪放磊落（らいらく）な性格で、政治的スタンスを度外視して人付き合いをしていた。

永森教授からは、左翼学生*が授業中にビラ配布やアジ演説などの授業妨害に及んだ場合の対処法と心構えを懇々と説かれた。「彼らには一歩もひるんではいけないのだ」と言って、自らが左翼学生を撃退した武勇伝を面白おかしく語ってくれた。

赴任して最初の数週間は、もしものことを考えて緊張していたが、結局そのようなことは一度もなかった。

左翼学生
当時でも一般学生はほとんどノンポリで、左翼学生のアジ演説も無視されていた。年１回、Ｔ県警による社青同系部室のガサ入れがあり、季節の風物詩として地元の新聞記事になった。

某月某日　**天国への階段**：S短大とT国立大の決定的違い

偏差値40程度のS短大から60近くのT国立大への転職はまさに地の底から天国への階段をのぼったようだった。T国立大は総合大学で、「専任講師」である私が担当した一般教育科目「政治学概論*」では医学部の学生も対象とした。彼ら・彼女らは飲みこみもよく、また質疑応答にも手ごたえがあった。ほかの学部の学生たちも授業を聞く態度ができていて、みな真剣に聞き入ってくれた。S短大のように*授業中ずっと寝ている学生や、教員を脅す学生などは皆無だった。私はこの地で初めて「教えることの楽しさ」を実感した。

S短大が通年6・5コマだったのに対して、T国立大では通年4コマのみで、授業負担も大幅に軽減した。

さらに、S短大では1学年に学生200名・専任教員18名（S短大は経営学科のみ）だったのが、T国立大のS学部は1学年265名に専任教員125名という

政治学概論
当時、T県内に政治学者は私一人のみだった（翌年もう一人赴任）。そのせいか地元テレビ番組での「政治」解説にお呼びがかかって出演した。地元の放送局とはいえ、初めてのテレビ出演ということもあり、番組を録画した。一緒に観ていた妻は、「あなたって、平安時代に生まれてたら美男子だったかもね」とつぶやいた。出演料は手取り1万円だった。

S短大のように

贅沢さだった。教員数の多さは教員1人当たりの雑務が減るということでもある。S短大ではあれやこれやの雑務を押し付けられたうえ、いくつも兼務していた各種委員の仕事もこちらではほとんどなく、入試も5年の在職期間で一度、採点業務を1日務めるだけだった。

教授会を含む会議も、研究で多忙であれば、欠席が可能だった。欠席する人も多かったし、人事案件などの重要事案のみ顔を出し、それが済めば中途退席することもでき、それを咎める人もいない。じつにフレキシブルだった。

研究面では、総合図書館があり、日本語の基礎的文献はそこでいくらでも借りることができた*。

まだ国立大が独立行政法人化されていない１９９０年代半ば、T国立大の個人研究費は年間１００万円近くになることもあり、12万円だったS短大とは雲泥の差があった。個人研究費を出張旅費に当て、T市から飛行機で東京に向かい、文献を収集したり、学会や研究会に参加した。私にとっては理想的な研究環境だった。

さらにさらに、私が一番嬉しかったのは、個人研究室が一人部屋になったこと

S短大よりも残念だった点もいくつかある。S短大では教員と学生との距離感が近く、食事会やコンパが頻繁に開かれていた。T国立大では教員と学生とのあいだに距離があり、学生と触れ合う機会が多くなかった。

いくらでも借りることができた

とはいえ、政治学専攻は私のみだったこともあり、総合図書館の英文雑誌や本の充実度はそれほどでもなかった。T国立大在籍の後半、博士論文執筆に専念していたときは総合図書館の図書館相互貸借（インターライブラリーローン）制度を利用した。場合によって、ロンドン大の図書館まで連絡してもらい、そこに所蔵されている貴重な資料のコピーを取り寄せることができ、大いに役立った。

だ。S短大の研究室は1室をアメリカ人英会話講師と共有していた。それがT国立大では、14畳のゆったりとした空間に、洗面台と大きなソファー*までついている。このスペースが私ひとりのものなのだ。これならのんびりとマイペースで授業準備や研究活動に打ち込むことができる。銀行員時代に「大学教授」としてイメージしていた環境をついに手に入れたのだ。

赴任して数カ月がすぎ、慌ただしさも一段落したところで、永森教授は再び歓迎会を開いてくれた。私がT国立大の待遇の素晴らしさに驚嘆したことを伝え、あらためて感謝したところ、永森教授は冷静にこう言った。

「私学からうちに移ってきて、こんなに喜んでくれたのはキミが初めてだ。私学から来て年収上がったなんて話も初めて聞いたよ」

赴任して半年がすぎると、大学から自転車で15分の官舎に月2万円の家賃で住むことができた。S短大は田舎にあったので、妻と私で1台ずつクルマを持っていたが、T市は自転車で隅から隅まで移動可能*で自動車も家族で1台のみにした。生活環境面でも文句のないほど恵まれていた。

洗面台と大きなソファー

理系分野の教員には、実験室付きの個人研究室もあった。研究費で研究室用の冷蔵庫も購入可能だった。永森教授は自身の研究室にベッドまで設置して、徹夜で論文を書いたり、酒を飲んだときには研究室に泊まり込んでいた。私はせいぜいソファーで昼寝をする程度だった。

隅から隅まで移動可能

こじんまりとした県庁所在地であり、坂が少なかったので、市内ならど

永森教授とT国立大への恩返しは真面目に授業を行ない、何よりも真剣に研究に取り組むことだと考えた私は、精力的に学術論文を執筆した。執筆した学術論文数は基準を充たし、T国立大赴任の翌年度には助教授への昇格も決まった。34歳だった。S短大では助教授に昇格できるのはたいてい40歳をすぎてからだったから、その点でも早かったといえよう。

国立大の場合、教授・助教授（今なら准教授）・専任講師・助手（今なら助教）のポスト数が学部ごとに決まっている。空きがないと昇格できない。T国立大のS学部にはポストの空きがあり、その点で私はラッキーだった。永森教授が主査となり、私を助教授に推薦してくれた。

それまでの「専任講師」から晴れて「助教授」である。「助」がつくものの、ようやく「教授」という名のつく肩書きを得られた。永森教授からは、「多井君は、新進気鋭の助教授という感じだから、教授よりも似合っているね」とヘンな持ち上げられ方をされた。

妻もT市で多くのママ友*ができて、この地での生活を謳歌していた。経済的にもS短大時代の倹約生活を脱出することができた。着任時1歳だった長男は地元

ここでも自転車で30分ほどで行けるのも好都合だった。T国立大には無料で停められる駐車場が整備され、大雨の日だけはクルマで通勤した。

多くのママ友
妻は人懐こい性格で、誰にでも臆せずに話しかけ、友人になれる特技があった。妻にとってはじめての海外生活となったニュージーランドでも、英語が十分にできないのに、どういうわけか現地のニュージーランド人ママと仲良くなり、長男のスイミングスクールの送り迎えをクルマでしてもらっていた。

の幼稚園に通いだし、そうこうするうちに妻の妊娠が発覚し、次男が生まれた。*
気力・体力ともに充実していた私は研究に邁進できた。日米加の研究者と共同で英語と日本語で共著本を出し、3年目にはニュージーランドに1年間研究員として赴任した。

某月某日「バカヤロー！」：議論が白熱しすぎたら

ある日の学部教授会のことである。S短大は教員が18名ほどで教授会でも誰が何をやっているのかひと目でわかったのに対して、T国立大ではS学部だけでも教授会は教員が120名超に及ぶため、学部の教授会は階段教室で開催される。時間どおりに席に着くと、隣の教授はすでに原稿の手直しの「内職」に励んでいる。

教務主任の井田教授が翌年のカリキュラムについて改編案を説明した。
井田教授の案は、これまであった「政治学概論」などの教養的科目を減らし、

次男が生まれた
T市では、休日、まだ幼い長男と次男を自転車の前後に乗せて、市内の中央公園までよく行った。中央公園の池や川にはシオマネキとザリガニが多くいて、バケツを持って、子どもたちとそれらを取った。ニュージーランドにも家族で滞在し、1歳になった次男は日本語

「比較外交政策論」などのより専門性のある科目を新設するものだった。

井田教授による改編案の説明を聞いている永森教授の顔がみるみるうちに曇っていくのがわかった。というのも、新設される科目を担当する教授はニッキョウ派の牙城である史学系ばかりなのである。この井田教授こそニッキョウ派のドンであり、彼の思惑は自分の派閥の教授たちをより優遇するように、翌年度のカリキュラムを改編*したいというわけだ。

「新カリキュラムでは、史学系の教授が多すぎて、全体のバランスが崩れるのではないでしょうか？」

井田教授による新カリキュラム案の説明が終わるのを待って、永森教授が冷静に指摘した。「やはりそう来たか」とばかりに井田教授がそれに反駁（はんばく）する。

「いいえ。時代に即したカリキュラムになると思います。学生も早い学年からより専門的に学ぶこともできるようになるわけですし」

出席しているのは120名ほどの教員で、ニッキョウ派が30名、それに反対する保守派が35名、どっちでもいいやというノンポリが55名ほどである。私はノンポリだが、永森教授と友好関係にあり、永森派（＝保守派）のひとりといえよう。

と英語のちゃんぽんとなり、「好きな色は？」に「Blue色」と答えた。

カリキュラムを改編
教授会でもめる案件がいくつかある。役職に誰が就くのかなどを決める人事案件、給与を含む昇格案件、研究室と教室などの場所取り案件、そしてカリキュラム案件である。これらには各教員の既得権益が関わってくるので、時として骨肉の争いが生じる。

T国立大の教授会の歴史でもたびたび繰り返されてきたであろう永森教授と井田教授によるつばぜり合いが始まった。井田教授が主張すると永森教授が反駁し、永森教授の言には井田教授が食ってかかる。言い合いが白熱してきたところで、井田教授が立ち上がり、永森教授を指さして、

「バカヤロー！　お前のようなやつがいるから会議が長くなるんだ‼」

と怒鳴った。うつらうつら昼寝をしているノンポリ教授も思わず席から飛び起きる。さすがドン、なかなかの迫力で映画のワンシーンでも見ているようだ。

永森教授も「バカヤローとは、どういうことでしょうか？」と眉一つ動かさず、あくまで冷静に問い返す。こちらも百戦錬磨で「バカヤロー」程度では動じない。

顔を真っ赤にした井田教授は、そのまま押し黙った。司会役の学部長が慌てて引き取り、「議案継続審議」を宣言して、この場は散会となった。

次の臨時教授会の冒頭、井田教授が沈痛な面持ちで「永森教授に対して暴言を吐いたことについて、深くお詫び申しあげたい」と述べた。

こうして井田教授提案のカリキュラム原案は引っ込められ、現状維持にすることで決着と相成った。民主的な教授会では論理的に相手の言い分を論破する必要

がある。それを忘れて感情的になった時点で井田教授の「負け」だったのだ。

某月某日　変わり者：「奥さまとは週に何回くらいですか？」

世間には大学教授というと学問を追究するあまり、少々「変わり者」というイメージを持つ人もいるかもしれない。たとえば、一昔前のベストセラー『文学部唯野教授』*（筒井康隆、岩波書店）に描かれる大学教授は、みな会社勤めの難しそうな人たちである。

私のみるところ、世代が上になると、たしかにそうした人が多い。そして世代がくだっていくにしたがって常識人が増えてくる印象だ。

とくに印象に残った「変わり者」が、T国立大で同僚だった浜崎教授である。ドイツ文学が専門で、名作の解説書や翻訳も多数出し、学究面では傑出した才能を見せる浜崎教授との初対面は、私の赴任歓迎会だった。

牛乳瓶底のような分厚い眼鏡に真四角の顔、まさに謹厳実直という形容が似合

『文学部唯野教授』
出身校にて出世をめざす、文学論専攻の若手・唯野教授が経験する大学業界のドタバタ劇を描いた小説。毎回出てくる唯野教授による各講義は真面目な文学理論にもとづきつつも、学部長や上司・同僚の教授は変わり者が多く、さまざまな珍事を引き起こす。それにぶつかりながらも、文学者でもある唯野教授は、教え子と恋愛関係になり、なお

う浜崎教授が、私の隣に座った。ペーペーの専任講師だった私は、ひと回りも年上で、著名な浜崎教授を前に緊張しつつ、会話の糸口を探していた。無難な質問がいいだろう。

「先生はおいくつで本学に赴任されたのですか？」

「26歳。まだ童貞でした」

浜崎教授は遠い目をしてそう答えた。聞きもしないのに飛び出した余分な回答にたじろぎつつ、場の雰囲気を壊さぬように会話を続ける。

「先生ご専門のドイツ文学では、ゲーテの『ファウスト』を研究されてらっしゃいますね」

「ええ、そうです。この作品論で母校の九州大から博士を取りましたし、引き続き翻訳を視野に入れて研究を続けています」

「では、昨晩も遅くまで研究されていらっしゃったのですか？」

「ええ、深夜0時ごろまで研究はしておりましたが、そのあと妻と燃えましたので今日は少々腰が痛くて……」

そんな話をしそうにない風貌にもかかわらず、何かというと下ネタが飛び出し

かつ著名な文学賞を受賞する。小説としてオーバーな記述もあるが、おおむねリアルで「あるある」とうなずきながら楽しんで読めた。

てくる。顔色ひとつ変えず、学生に講義でもするような口調の下ネタだ。私としては酒席であろうと下ネタは得意ではないが、相手は偉い教授でもあり、今後のためにもある程度話を合わせる必要がある。ヘラヘラと笑ってやりすごした。

さらに1時間ほどが経過し、ビールを飲んで顔が真っ赤になった浜崎教授が、続けて質問をぶっこんできた。

「多井さん、お子さんおられるのですね？」

「ええ、1歳の男の子がおります」

「つかぬことをお聞きしますが、奥さまとは週に何回くらいですか？」

「夜の営みの回数でしょうか？」

私はたじろぎ、聞かなくてもわかることを思わず聞き返してしまう。

「ええ。差し支えなければ」

こんなことを初対面の他人に話すのは差し支えるが、浜崎教授はまっすぐな目でこちらを見据えて、私の回答を待っている。答えないわけにはいかなそうだ。

「まだ結婚*して2年半くらいなので……まあ3回くらいでしょうか」

なぜか私も少しだけ盛って答える。

結婚
周囲を見渡すと、大学教授の結婚は、早いか遅いかに分かれる気がする。二十歳そこそこで学生結婚した同僚もいるし、夫婦ともども大学教授で40代半ばで結婚、奥さんが47歳で初産というケースも知っている。意外に多いのが再婚組で、バツ3、バツ4という話も聞く。

「そうですか。うちは週に5回です。昨日も1時間半ほど」

笑みを浮かべ、勝ち誇ったように言い放つ浜崎教授。自分の回数と所要時間を話すことは差し支えないようである。浜崎教授の顔を見つめ、いろいろな意味で「負けた」と感じた*歓迎会の夜であった。

T国立大の真下助教授は中肉中背、ノンフレームメガネで、こざっぱりとしたスーツを着こなす。ファッションや流行とは無縁の人が多いT国立大教授の中にあってはスタイリッシュといえる。頭が良いのは数分話せばわかるし、私が書いた論文なども頼んでもいないのにわざわざ読んで、丁寧に鋭い指摘をしてくれる。ともかく知識を得ることが好きらしく研究熱心、なおかつ授業も極めてわかりやすいと学内でも評判だった。研究室の整理整頓具合にも几帳面な性格が表れていた。

真下助教授は、早稲田大を卒業し、政治経済学部の名物教授の下で、西洋政治思想史を専攻し、博士課程まで行った。私より少し年上だが、ほぼ同時期にT国立大に赴任し、同じ政治関係ということで仲良くなった。あるとき、真下助教授

「負けた」と感じた
なお、私がT国立大を去ったあと、浜崎教授は所属学部の学部長に選出されたという。下ネタに強いだけではなく、それなりの政治力と調整力も持っていたのであろう。

が嬉しそうに教えてくれた。

「早稲田の仲間と西洋政治思想史の論文集を出すことになって、僕も1章分を専門分野のサルトルについて書くことになったんだよ」

論文集なら注目されるし業績にもなる。日本の大学院にコネのない私にとってもそのような企画はうらやましい。*

「ただ」と真下助教授は表情を引き締めた。「締切が３カ月後だから、頑張らないと」

それから数週間、顔を合わせるたびに真下助教授は「序章を書いたよ」「そのあとが進まなくてね」などと進捗状況を知らせてくれた。

３カ月がすぎようとするころ、廊下ですれ違い、ちょっと疲れた顔で「多忙で書けなくて、締切を1カ月延ばしてもらったから、一気に仕上げないと」と自らに発破をかけるように話してくれた。

さらに半年ほど経ち、彼の論文集のこともすっかり忘れていた。真下研究室で雑談をしていると、「ちょうど今、翻訳本を出すべく和訳作業をしているんだよ」と言い出した。

うらやましい
今なら研究仲間がおり、テキスト的なモノを共同で出すとか事典の項目執筆の依頼もそれなりにある。当時はコネもほとんどなく、共著本を日本語と英語で1冊ずつ出す程度だった。自らの名前で単著を出すなどというのは夢のまた夢で、メジャーな大学院出身者たちを「羨望6割、嫉妬4割」で眺めていた。

それを聞いて、ふと思った。そういえば、例の西洋政治思想史の共著本はどうなったのだろうか。あんなに意気込んでいたのに。

「真下さん、翻訳本も結構ですが、そういえば例の西洋政治思想史の共著本そろそろ出そうな時期ですよね？」

頭を掻きつつ、真下助教授は応えた。

「じつは昨日、紀伊國屋書店*に行ったらさ、その本が出版されていたんだよ」

他人事（ひとごと）のような言い方である。

「『出版されていた』って、真下さんは知らなかったのですか？」

「僕の担当の原稿は間に合わず、提出できなかったんだ」

「真下さんに断りもなく、本が出ていたんですか？」

「何度も電話はあったんだけど気まずくて、ずっと無視していたんだ。で、たまたま本屋で見つけて、無事に本が出ていてよかったって」

悪びれもせず飄々とそう話す。几帳面で仕事もきっちりこなす真下助教授の、見てはいけない裏の顔を垣間見た気がした。サラリーマンとして会社に勤めるのは難しそうな人材も、大学業界をたくさましく生き抜いていくのであった。

紀伊國屋書店
T市で一番大きく、書籍数も多いメジャーな本屋だった。JRのT駅前にあり、われわれ教員は頻繁に利用していた。T国立大時代によく利用していたのは大学生協の書店と、大学前にあった書店とこの紀伊國屋書店。大学前にあった書店は、残念ながら今から10年ほど前につぶれてしまった。

某月某日　**ステップアップ**：よりよき職場を求めて

Ｔ国立大での勤務も４年目となり、博士論文執筆に邁進していたころ、大学に送られてきた公募要領に目が留まった。

関西で〝４主要私大〟とされるＫＧ大が、私の専門領域の研究者を公募していた。ＫＧ大はＴ市からはクルマで３時間半とさほど離れておらず、私にとってもなじみのある大学だし、年収の高さでも有名だ。公募の職階は「専任講師」「助教授」「教授」となっている。

Ｔ国立大は理系が強い。＊私が在籍する文系のＳ学部は学内の傍流といえる。それに対して、ＫＧ大は文系が主流で政治学科もある。研究面でも図書館の充実度など惹かれる点が多い。

また、このころ大学関係者のあいだでは、国立大の独立行政法人化＊の可能性がささやかれていた。独立行政法人になると、文科省からの運営交付金も減らされ、

Ｔ国立大は理系が強い
医・歯・薬・工学部の専任教員数が多数だったので、専任教員の選挙で選ばれる学長は必然的に理系学部出身者となった。このときまでＳ学部出身の学長はおらず、２０２３年現在も同様。こうした点でも、学内の主流、傍流がはっきりとわかる。

国立大の独立行政法人化
文科省直轄だった国立大を独立した「国立大学法人」とすることで、この当時から大学関係者のあいだで話題になっていた。独立行政法人化により、国が財政措置をしながら

授業の担当コマ数が増え、研究環境も悪化するとみられていた。牧歌的なT国立大S学部での教育・研究活動も将来的には不透明感があった。

KG大への移籍を検討するにあたり、私にはひとつだけ気がかりなことがあった。私を採用してくれた永森教授がどう思うだろうか。5年で辞めるとなると、一応の義理は果たした長さではあるのだが……。

KG大の公募に魅力を感じていることを妻に伝えると、彼女は大喜びで賛成してくれた。妻は都会が好きなのと、翌年度からKG大へ赴任となれば、長男は小学校1年生、次男が幼稚園年少組に入る時期になり、タイミング的にもベストだった。

こうして私はKG大の公募に書類を郵送した。T国立大の関係者には誰にも伝えなかった。

KG大からは一次の書類選考に通ったという電話とともにN市のキャンパスまで来て、面接を受けてほしいという連絡があった。往復の交通費に加え、1泊分の宿泊費、それに日当の1万円まで出すという。KG大の気前のよさにわが目を

も、運営は独立法人に任せることで、大学の自由度を高め、効率よく業務を行なえるというのが建前。一方、国から大学への財政支出の削減により、基礎研究の縮小や授業料の値上げなどが心配されていた。実際に2004年4月から全国の国立大が法人化されることになった。その結果、授業料の改定など、各大学が独自でできることが多くなったが、予算的には厳しくなった大学が多い。

疑った。これまでのキャリアで幾度となく面接を受けてきたが、面接日の日当まで出してくれた大学は初めてだった。

指定の日にＮ市を訪れ、ＫＧ大での面接に臨んだ。

面接官は山形教授と佐々木教授で、まずは専門が重なる山形教授が研究分野の詳細などを尋ねてきた。それがつつがなく終わると、それまで黙っていた佐々木教授がおもむろに口を開いた。なお、佐々木教授はのちに副学長だということがわかるが、このときの私はそんなことを知るべくもない。

「多井さん、履歴・業績書を拝見しますと、紀要論文13編、査読付き論文４編、それに日本語と英語の共著が１冊、学会賞も獲っている。これらは高く評価できますが、まだ博士を取っていませんね？」

佐々木教授は私のこれまでの業績をしっかりと把握していた。本気度が伝わってきた。ここぞとばかり私もアピールする。

「ここだけの話*にしていただきたいのですが、現在、博士論文を執筆中です。うまく発刊できたあかつきには、共同研究でお世話になったＨ大の教授を頼って、そこに論文博士の申請をするつもりです」

ここだけの話
まだ論文が完成しておらず、どこに提出するかも正式には決まっていなかった。博士論文は完成し、提出先が決まるまで口外しない。そもそも完成するかもわからないし、提出先についても相手の承諾が必要だからである。

「そうですか。やはり博士は必要ですしね。大いに期待してますよ」

佐々木教授がメガネ越しにこちらを見据えた。

2週間後に電話がかかってきた。やはり良い連絡は電話で来るものなのだ。電話の主は山形教授で、「大学評議会で投票の結果、多井さんの採用が決定しました」と知らせてくれた。


こうして、助教授としてKG大への転職が決まった。

私はT国立大へ引っ張ってくれた永森教授へどのように事情を報告しようかと考えをめぐらせた。というのも、永森教授は、私の前任者がT国立大に赴任後わずか1年で他大学への移籍を試みたことに激怒し、移籍を認めなかった*、という逸話があったからだ。

私はすでにT国立大には5年間在籍していたものの、移籍に永森教授が不満を持ってもおかしくない。

私としてはともかく丁寧に事情を説明するしかないと腹を決めた。

「誠に申し訳ございませんが、来年度からKG大に移籍したく思います」

移籍を認めなかった もう1年遅らせ、2年後にようやく茨城大への移籍を「認めた」という。大学教員の移籍に際しては、教員の移籍校から在籍校に挨拶状を送るという慣例がある。以前は、この「割愛願い」と呼ぶ（これを「割愛

研究室に入るなり、即座に頭を下げた。そのまま1分以上、頭を下げ続けた。

しばしの沈黙があり、永森教授が口を開いた。

「わかった。それが多井君のためになるなら仕方ないな」

理由も問わずに納得をしてくれ、「まあ飲め」と研究室に常備されたウイスキーを勧められる。「今日は多井君の送別会だな」と言うと、その場で酒屋や寿司屋に注文をして、研究室内での即席の宴*がスタートした。

夕方5時にあいさつに来てから、4時間ほどがすぎ、酩酊（めいてい）した永森教授が本音をぶつけてきた。

「キミには期待していたのでたいへん残念だ。もっと前に私にも教えてくれれば、いろいろと相談に乗ってやることもできただろうに」

愚痴のような嘆きのような言葉が延々と続く。永森教授の一方的な話を聞いているうちに時刻は深夜0時になろうとしていた。

椅子から崩れ落ちそうなくらいに泥酔した永森教授が言い放った。

「今夜はかえさん！」

研究室中に響きわたる大声でそう叫んだかと思うと、永森教授はそのまま目を

願い」をわざと受理せずに移籍を遅らせるといったケースもあったと聞く。2023年現在、こうしたことはほぼ見聞きしなくなった。

研究室内での即席の宴　T国立大では勤務時間がすぎたら、教員が研究室で宴会を開催することがしばしばあった。当直の職員の部屋が宴会場となったり、部屋の隣のシャワールームで汗を流しさっぱりしてから宴会スタートなんてこともあった。牧歌的な時代だった。なお、現在所属するKG大はミッションスクールでもあり、キャンパスでお酒を飲むと始末書を書かねばならない。

閉じて舟を漕ぎだした。

永森教授が叫んだのは「帰さん」だったかもしれないが、「解散」だったような気もする。とりあえず「解散」だったことにして、

〈本日はお先に失礼いたします。ごちそうさまでした〉

というメモを残して、帰路に就いたのであった。

1999年4月、こうして私は3校目のKG大H学部へ赴任*することになった。

某月某日 大台突破：さすが、関西有力私大

KG大への赴任は正式に決まったものの、窓口になっていた山形教授に直接、給料について聞くことは憚(はばか)られた。KG大が高給だということは知っていたが、具体的に年収がいくらくらいになるかはわからない。年収が決まらないとマンションを借りるのも躊躇(ちゅうちょ)してしまう。正直、困っていた。

事務手続きでKG大を訪れ、学部の事務長と打ち合わせたタイミングで、

KG大H学部へ赴任 KG大に赴任後、面接時に知己を得ていた山形教授がいろいろと内部事情を教えてくれた。当時（1990年代後半）は、私の専門分野の地域研究者の数が少なく、KG大としても若手学者が望ましかったことが私に有利に働いたのだという。30代と若くフットワークの軽い私なら、「使いやすい」とKG大側も判断したのだろう。その後、T国立大で仲の良かったある教授からは「KG大の友人から『多井さんって

「あっ、そういえば、こちらでの年収はどのくらいになるのでしょうか？」
さも今思い出したかのように尋ねた。事務長は「１０００万円程度ですよ」と事もなげに言った。私は無表情を保ったが、腹の底から喜びが湧きあがってくるのを感じた。

ＫＧ大への移籍（とその年収）を家族に伝えると、三者三様に喜びを表現した。前述のとおり、都会好きな妻は諸手をあげて喜び、家族で万歳三唱した。６歳の長男は、「おめでとう。パパ」と言ってくれ、３歳の次男もよくわからないなりに家族の雰囲気を察知したのであろう、「ばんじゃい、よかた、よかた」と叫んでいた。

Ｔ国立大では７００万円弱だった年収が、一気に１０００万円の大台に乗ることになった。３００万円のＳ短大からスタートしたキャリアが、アラフォーでついに大台を突破したのだ。家賃も10万円を超える３ＤＫマンションを借り、安定した生活を送れるようになった。そして、妻は年収増に気が大きくなったのか、メイクにもお金をかけるようになった（効果のほどは実感できなかったが）。
下見として訪れたＫＧ大のキャンパスは、手入れに年間数億円かけていると噂

どうなの？』と尋ねられたよ。うまく答えておいたけどね」と教えてくれた。「身辺調査」のようなものだったのかもしれない。

されるだけあって、シンボルの時計台を中央に芝生が広がり、ゴミひとつ落ちておらず、整然としていた*。

美しいキャンパスの様子を眺めながら、ミッション系でもあるKG大にはニッキョウ派の教員は少ないかもしれない、という希望的観測*を抱いた。というのも、T国立大でのニッキョウ派対反（非）ニッキョウ派の不毛な対立に嫌気がさしていたのだ。

KG大のあるN市は坂が多いものの、どこでも自転車で移動可能で、引き続き自転車中心のライフスタイル*となった。

H学部に配属された私は「総合コース」というオムニバス科目*の代表を務めることになった。

ノルマは通年4コマ（講義科目1コマ＋ゼミ3コマ）で、それに加えて、この総合コース1コマの5コマがミニマムとなった。それにT国立大では院生がほとんどおらず、担当することがなかった大学院修士課程の科目も担当することになり、最高で計8コマを行なった。4コマを超えて*担当する分には非常勤講師の半分ほ

整然としていた
ただし最寄りの駅からは坂道で徒歩15分かかる住宅街にあり、駅直結の同志社大今出川キャンパスなどとくらべて不便すぎるという声も聞かれる。

希望的観測
その後、H学部にはニッキョウ派がとくに多くいて、ショックを受けることになる。希望的観測はやはり希望にすぎなかったのだ。国政選挙の前になると、「政権交代実現を！」などという日本共産党のビラが大学のメールボックスに入っているのだった。

自転車中心のライフスタイル
平日昼間、ママチャリで機嫌よく移動していると、よく職務質問を受けた。最初の1年間でじつに8回。私がよほど怪しげに見えるのだろう。

どの授業超過担当手当がついた。授業負担はT国立大よりも大幅に増えた。

また、私学は国立大にくらべて教員と学生の比率が大きい。講義科目によっては学生数２００を超える*ものもあり、私にとってはこの人数は初めての体験だった。階段教室でマイクを使って授業すると、後方の席でケータイを見たり、私語をしていたりする学生を注意するだけで相当のエネルギーを消費することを体感した。

ゼミもわずか数名だったT国立大と違い、*20人近くのゼミ生が対象になった。

国立大は一般入試での入学組がメインなので、学生にはある程度の学力が担保されている。ＫＧ大の場合、付属高校（内部）から上がってくる者、協定校からくる者、推薦入試やＡＯ入試で受かった者など、学力も履修した科目なども多種多様である。年収がアップした分、大人数授業や多様な学生への対応など、マンモス私学ならではの課題にも取り組むことになったのである。

一方、私が去ったのちのT国立大はその後、独立行政法人化され、私の所属していたS学部は学部改組の大波に呑み込まれて、教員数も大幅に減らされるなど受難の時代を迎えることになる。今振り返ってみると、T国立大からKG大に移

オムニバス科目
１つのテーマについて専門分野が違う教員が代わる代わる授業を担当する仕組み。たとえば「アメリカ地域研究」というテーマを、政治学者、経済学者、文学者、社会学者などが持ちまわりで講義を実施する。代表となる教員が自らも授業を担当しつつ、ほかの担当者を決めて、学生の成績もとりまとめてつける役割を担う。

４コマを超えて
教員組合資料によると、ＫＧ大含む関西主要４大学やＭＡＲＣＨなどもノルマは４コマ前後で、教育活動に一定の時間と労力を割くことは私学では仕方ない。『人生１００年時代の大学教授のすすめ』（作山巧、文芸社）には、明治大の通年コマ数のノルマが、専任講師

籍したのはベストタイミングだったのかもしれない。

某月某日　授業ノルマ：雑談、メイク、ケータイいじり

大学教授といえば、講壇に立ち学生相手に講義をするのが仕事と思っている方もいるだろう。

しかし、国立の大学（院）によっては、授業負担がほとんどない教授もいる。東京大の東洋文化研究所などの各種研究所では、専任教員は大学院を通年で0・5コマのみの担当だという。通年0・5コマというのは、春学期（前期）に90分（もしくは100分）の授業を週1コマだけ行なえば、秋学期（後期）には授業を持たなくていいということだ。

さらに国際日本文化研究センター*（日文研）などの国立研究所の専任教員は、授業担当コマ数が実質ゼロ。研究とシンポジウム・講演会などを実施しているだけでOKだそうだ。なかなかうらやましい。

（助教）3コマ、准教授4コマ、教授5コマとある。

学生数200を超える　KG大では講義の学生数が251名を超えると、追加手当がつく。1学期で251名以上だと6000円、そこから100名増えるごとに1000円の追加手当となる。

T国立大と違い　この当時から2010年ごろまで、H学部では毎年、会議・会合費という予算がつき、教授たちの親睦を兼ねての飲み会の費用が出た。そういう類がまったくないT国立大との違いだった。この当時はまだ大学業界も景気が良く、教授の定年退職時の送別会として、近くの温泉旅館で1泊しての宴会ができた。2023年現在はすべてが自腹となっている。

私の大学院時代の先輩は北海道大から京都大の教授に転身した。彼と飲んでいると、

「北大から京大に移って、ランクが上がった*のはいいけど、授業ノルマが増えちゃって困っているよ。北大のころは通年2・5コマだったのが、京大だと3・5コマも教えることになっちゃって、キツくてキツくて」と愚痴った。KG大で当時通年8コマを担当していた私は、思わず殺意を覚えたのだった。

通年2・5コマというと、前期に週3コマ、後期に週2コマとなる。週に3コマだと、たとえば月曜日の午後に1コマ、水曜日の午後に1コマ、金曜日の午後に1コマ、これなら授業とその準備があるにせよ、それほどの負担にはならない。

これが通年8コマとなるとどうなるか？　月曜日に午前中に1コマ、午後に1コマ、火曜日に午後に2コマ、金曜日は午前に1コマ、午後に3コマ……。すべての授業内容が異なり、語学科目のようにリピートで済ますことはできないし、学部の1年生から大学院の修士課程2年生までを相手にそれぞれのレベルに合わせた授業をしなくてはならない。当然、講義の前にはその準備が必要になる。さらにゼミではレポートの採点や論文指導なども発生する。

国際日本文化研究センター
1987年に設立された広義の日本文化を学際的・総合的に研究する国立研究機関。知名度は東大や京大よりも劣るが、知る人ぞ知る日本研究のメッカ。風俗史研究の井上章一教授が所長を務め、『武士の家計簿』（新潮新書）で有名な磯田道史教授が所属。教育ノルマが軽いか、ほとんどなく、研究に打ち込むにはベストな環境のようだ。

ランクが上がった
戦前に大日本帝国が創設した北大、東北大、東大、名大、京大、阪大、九大を「旧帝大」と称する。この中では東大と京大が「東西両横綱」で別格。ただ、歯学のように東大も京大もその分野を持っていないと、東京医科歯科大か大阪大がベス

とくに大人数を相手にした講義はたいへんだ。大教室で300名を超える授業となれば、鐘が鳴っても授業を聴く体勢にあるものは半分もいない。こんなに大勢の学生がいれば自分ひとりくらい大丈夫だと思うのか、右奥の女子学生はメイク中、左奥の男子学生は後ろを振り向いて雑談、ケータイをいじっている学生も散見される。「静かに」「授業中メイクはしないでください」「ケータイもしまって」と注意し、授業開始の態勢を整えるだけで10分近くを費やす。

講義中も、後方座席から私語と甲高い笑い声が聴こえてくる。マイクを持って講義を続けながら階段を駆けあがる。

「さて、それじゃあ質問に答えてもらおうかな。カナダの首都はどこだっけ?」

私語グループで一番うるさかった男子学生にマイクを向ける。

「トロントですか?」

「惜しい。トロントではなく、オタワだね。『カナダ人がオタワにオッタワ』と覚えるといいよ」

オヤジギャグに学生は無反応だが、とりあえず静かにはなった。

授業終了*の10分前、授業の感想文を書いてもらい、収集する。「よく眠れな

トとなる。政治学の分野では、北大から東大や京大に移籍すると完全にランクアップ。研究費がとりやすくなったり、政府の審議会委員に呼ばれたりする場合も。

授業終了
授業の終了を知らせる鐘が鳴ると、学生はほぼ同時にいっせいにケータイを取り出して画面を確認する。300名の学生が同時にケータイを見る様子はある意味壮観である。

3日間で8コマ
このときは、ノルマの5コマに加えて、大学院における修士の院生の授業

かった」というふざけた回答を見ても怒ってはいけない。

午前中に1コマ、午後に3コマをこなした日など、4コマ目の授業では、疲れと酸欠のせいか、頭がぼーっとして自分が何をしゃべっているのかわからなくなることもある。また、3日間で8コマ*をこなしたときには、疲労困憊で呆然とした状態のまま帰途につくこともあった。

某月某日　**成績評価**：締切どおりにレポートを提出させる方法

ゼミ科目での単位認定は試験ではなくレポート（論文）の内容によって行なわれる。多井ゼミでは、まず第一稿*を提出させ、それに私が赤字（修正）を入れ、それを受けて学生が手直しした最終版をもとに成績をつけることにしている。最初はおぼつかない文章の羅列が、読みやすく仕上がっていくのを見るのは楽しい。

だが、提出する学生たちも一筋縄ではいかない。

ゼミ生・A君が研究室を訪ねてきた。

*8コマ　が3コマ入ったのだった。8コマだと約13時間しゃべっていることになる。売れっ子芸人だってこんなにはしゃべらないだろう。

***第一稿**　鮨は握りたてが一番うまいが、レポートや論文は逆である。「ヘイ、いらっしゃい。できたてでっせ！」というレポートには必ず間違いがある。誤脱字や単語変換ミスなど単純な間違いが多い。

「センセ〜、バイトが忙しいので来週の論文の締切を延ばしてくれませんか？」

「よし、わかった。締切は冬休み明けにしよう。そのかわり、それまでは毎日、午後7時きっかりにレポートの進捗状況を私宛にメールで報告するようにね」

「わ、わかりました。できるだけ頑張って、来週提出するようにします」


ゼミ生・Bさんのレポートを見て、脚注・出典の表記の修正を指示したところ、納得できない表情のBさんが言う。

「でもこのやり方でX先生の授業レポートは問題なく、単位もらえたんですけど」

「よし、わかった。X先生に確認のうえ、キミのレポートを再チェックして、もし問題があれば、教授会で取り上げて再審査することにしよう。単位も不可になる可能性も出てくるが……」

「X先生への確認は不要です。いただいた指示のとおりにすぐに直してきます」


ゼミ生・Cさんのレポートには「アメリカ人の終末のすごし方」とタイトルが

「一晩おいて見直ししてから提出」と口すっぱく言っているが、学生はなかなか実践してくれない。

つけられていた。終末期をどうすごすかを調べることはアメリカ人の死生観を理解することにつながる。面白いところに着目したな、と期待して読み始める。

「１９７０年代はクリスチャンのアメリカ人７割が、終末に教会に行ったとのデータもあるが、現在ではその割合は３割に落ちている」

なるほど、アメリカ人の生活は教会と不可分だが、終末期のすごし方も時代の趨勢とともに変化しつつあるということだろう。

「資料によると、アメリカ人の８割は終末にバーベキューをする。またそれ以外の終末のレジャーとしては、ビールを飲みつつ、ポップコーンを食べて、アメリカンフットボールやメジャーリーグの試合を観戦するということもある」

数ページ読んだところで何かおかしい。いくらアメリカ人とはいえ、死ぬ間際にアクティブすぎる。読み直してみると「アメリカ人の週末のすごし方」であり、「終末」と「週末」の誤植なのだ。それにしてもレポートのすべての文字が「終末」になっていて、そんなところだけしっかりせんでもええがな、と心の中でツッコむのだった。こうしてゼミ生と教授とのせめぎあいはレポートの完成まで続いていくのである。

古今東西、学生がもっとも気にするのは成績評価である。とくにふだんから勉強しない学生にとって、60点以上のC（可）*で単位を取れるか否か、は死活問題となる。

大規模クラスの授業では、いわゆる「お願い文」というのが答案に書かれていることがある。「かくかくしかじかの理由で満足な答案が書けなかったものの、就職も決まって、単位を必要としているので、なにとぞ……」というものだ。同僚には「お願い文」を書いたら、即、F（不可）をつけると宣言している人もいるが、私はそこまで思い切った判断はできない。それでも「お願い文」は決して気持ちのいいものではない。そんな文章を書き連ねる時間があるのなら、なぜ答案を書かないのか、それ以前になぜテスト勉強という準備を怠ったのか、という根本的な疑問が湧いてくる。

私は「お願い文」は無視して、厳正冷徹に点数をつける。さらにできるだけ答案を返却*し、場合によってはなぜその点数になったのかを説明し、学生に納得してもらう。

60点以上のC（可）
KG大では、S（秀：90〜100点）、A（優：80〜89点）、B（良：70〜79点）、C（可：60〜69点）、F（不可：0〜59点）という成績評価になっている。S短大とT国立大は、SとAの区分がなく、80点以上はA（優）だった。

答案を返却
小・中・高のテストでは

ある穴埋め式のテストにおいて、そのほとんどが空欄で１００点満点中18点を叩き出した学生がいた。単位を落とした彼はのちに書面で正式な異議申し立てをしてきた。

〈私は体育会野球部に所属しております。日々の厳しい練習のため、勉強に割くだけの十分な時間が取れず、勉強をすることができませんでした。また、私はもともと体が弱く、テスト前に体調を崩してしまい寝込んでおり、十分な体調でテストに臨むことができませんでした。あわせて成人式のために帰省をしたこともあり、勉強時間を満足に確保することができませんでした。しかし、今回の試験にあたっては、自分なりに精一杯頑張りました。どうかご配慮をよろしくお願いします〉

うーん。ところどころに論理矛盾があるなあ。

このように、KG大では、自分の成績について見直しのクレーム*を文書で申し出ることができる。担当教員はそれに対して文書で答えなければならない。私は彼への回答書をしたためた。

〈お体が弱いにもかかわらず体育会野球部でご活躍されたり、寝込みながら帰省

必ず答案が返却され、本人がどこが間違ったのかの確認ができるのだが、大学での答案返却はまだ浸透していない。大人数すぎて返却が難しいという側面もあるのだが、模範解答を明示するなり、何らかの方法があると思う。私の授業では人数が少ないときは必ず答案のコピーを取っておいて、オリジナルを返却し、なぜそのような点数なのかを理解してもらうようにしている。

見直しのクレーム
受講生にとっても「F（不可）」をくらうのは死活問題なので、私は何度も答案を見直し、受講生から抗議を受けたとしても「最高裁まで争っても勝てる」自信を持ってFをつけている。少々の異議申し立てには動じないのである。

して成人式にご出席されるなど、ずいぶんと精力的で何よりです。成績を再評価しましたが、100点中18点で、残念ながら60点のC（可）には足りません。お手紙のような勢いで次回も試験を頑張ってください〉

彼からの再度の異議申し立てはなかった。

某月某日　**母親の懇願**：無い袖は振れません

教室での授業が終わり、研究室に戻ろうとしたところ、中年の女性に呼び止められた。

「多井先生でいらっしゃいますね？」

50代だろうか、細身で品のよさそうなブラウスを着た女性だった。

「緑川の母でございます」

緑川君は私が担当する講義科目を受講する学生だ。そのことはすぐにわかったが、そのお母さんがいったいなんだろうか。

「多井先生、これはつまらないものですが……」

　そう言って菓子折り＊を渡してくる。

「息子は大学に入ってから、ずっと昼夜逆転の生活＊を続けてまいりまして、私も心配をしておりましたのですが、４年生になってようやく心を入れ替えて就職活動を始めてくれ、それで先日、なんとか内定をいただけたところなんです」

　緑川君のお母さんは、これまでの緑川君の様子を長々と説明し始めた。その途中ではたと気づいた。そういえば、緑川君には前回の試験でＦ（不可）をつけていた。

「多井先生にはたいへんよくしていただいていると息子からもつねづね聞いておりまして、感謝しているところでございます。ところで前回の試験で、先生からＦをいただきまして、情けないことですが、息子の卒業のための単位がもう少しのところで足りなくなっており……」

　やっぱりそう来たか。

「お母さま、立ち話もなんですから、研究室にお入りください」

　そう言って研究室に通した私は、緑川君の答案用紙を探し出し、お母さんに見

菓子折り
ゼミの学生など成績評定に関係していたりする場合、原則的に菓子折りの類は受け取らない。韓国旅行から帰国したゼミ生が研究室を訪問してきて、「センセ～、韓国で買ったお菓子、あまりにもまずくて私は食べられないのであげます」と言われ、もらったことはある。

昼夜逆転の生活
8時50分スタートの1時限目の授業は受講生の人数が少なくなる。朝起きられない学生がいるのだろう。また、17時スタートの5時限目以降にも受講生が少なくなる。バイトが始まる学生がいるのだろう。

せながら、どこがどう間違っていてF（不可）をつけたのかを、できる限り丁寧に説明した。

「よくわかりました。ただ、息子の人生がかかっているのです。先生からの2単位をいただければなんとかなるのです。どうにかならないでしょうか？」

土下座せんばかりの勢いのお母さんを見ていると、親心がわかって心苦しくもあったが、それでもダメなものはダメ。無い袖は振れない。

「誠に申し訳ありませんが、そうおっしゃられても、私にはどうにもできません。こちらも受け取れませんから、どうぞお引き取りください」

30分も押し問答をしたあげく、持ってきた菓子折りを持ったまま緑川君のお母さんは帰っていった。何度もこちらを振り返って頭を下げるその姿を見送ったあと、研究室の椅子に腰かけると、ドッと疲れが出た。

子どもの将来を思う気持ち＊はよくわかる。ただ、ここは中学校でも高校でもない。大学なのだ。子どもの努力不足を親がどうにかしようとするとは……。

その2週間後、教授会が開催され、卒業判定が行なわれた。心を鬼にして断ったものの緑川君とお母さんの顔が思い出され、「息子の人生がかかっている」と

子どもの将来を思う気持ち

長男と次男が大学生だったころ、勉強をしているようには見えず、妻に愚痴をこぼすと、「勉強が

心から好きな学生なんて、ほんのひと握りよ。みんなそれぞれの頑張り方があるのよ」と言われ、それ以降、受講生にも多少やさしくなれた気がする。

いう言葉が頭をよぎった。

卒業できない４年生のリストが配布された。リストには氏名とともに取得単位数や必修科目の履修状況が記載されている。

「原案のリストでご異議はないでしょうか？」

学部長が出席教員に聞き、教員全員が黙ってうなずく。卒業判定といっても、儀式のようなものだ。

私はリストの緑川君の名前の欄を見た。彼の取得単位数は、卒業要件まであと６単位足りていなかった。私の科目の２単位を足したところでどうにもならなかったのだ。

某月某日　**懇親会**：「今夜は帰したくない」

今日は、ＫＧ大大学院出身の宮崎氏の博士論文口頭試問だ。

宮崎氏は30代半ば、人付き合いはうまくないが、寡黙にコツコツと取り組むタイプで、ルーマニアの戦後外交史を専門としていた。博士課程を修了してからも両親から経済援助を受けつつ研究を続け、先日ついにルーマニア外交史の単著学術本を出版したのだった。

この日は、その本がKG大大学院において「博士」*に相当するかどうか、の口頭試問なのである。現在は給与が出ないKG大研究員だが、「博士」を取得すれば、専任教員への道も拓けてくる。審査に私情を挟むべきではないが、彼の苦労が報われてほしいという思いも抱きながら、質疑応答を重ねていた。

口頭試問では、外交史が専門の下山教授が主査になり、私が副査、そして法政大から弘中陽子教授に外部審査委員（副査）として来てもらっていた。

多数の著書を持つ弘中教授は国際政治学会でも著名だ。顔立ちは涼やかで私より8歳年上のはずだが、私と同年代に見えるほど若い。弘中教授のご主人が、下山教授の前任校での教え子で、下山教授とも昔からの知り合いのようだった。

3人で宮崎氏に対する1時間ほどの口頭試問を実施した。宮崎氏はどの問いにも、冷静かつ的確に回答した。われわれ3人の主査・副査の審査結果として、彼の本に論文博士を授与*することに決めた。

博士
「博士」取得には2つの方法がある。①3年間の課程を修了して、博士論文を提出して取る「課程博士（博士甲）」制度。②博士課程を持つ大学院研究科に博士論文（通常は文系だと出版された単著学術本）を提出して、審査してもらい取得する「論文博士（博士乙）」制度。
そもそもこの「論文博士」制度は日本独特のものである。共同研究したとか、学会で懇意など、コネのある大学院教授のツテなどを頼りにして、あるいは自分の母校や勤務校に博士論文を提出して、口頭試問を受け、大学院研究科委員会で授与されるかどうかが決まる。なんのツテもなく、有名大学にただ単に論文を提出しても、審査もされず門前払いになるだろう。

口頭試問がつつがなく終わり、私たちは解放感に包まれた。東京から足を運んでくれた弘中教授のために、専門が近い教員数人を交え、学内のレストランで懇親会*を催すことになった。問題が起こったのはそのときである。

2時間ほどがすぎ、ビールとワインと料理で雑談が盛り上がり、宴たけなわとなったころだった。

「弘中さ〜ん、今夜、僕は君を東京に帰したくないな……」

下山教授が弘中教授の目を見つめたまま、そうつぶやいた。顔が真っ赤で、もう完璧にできあがってしまった下山教授からは、羞恥心が消えてしまったようだ。

下山教授は、昔から「国際政治学者で一番美人は弘中教授」と公言するほど、〝弘中推し〟だった。また、以前、学科の飲み会で「どんな死に方がよいか？」という話題が出たとき、私が「老衰で眠るように、が理想ですね」と答えると、鼻で笑い、この時代に「男なら腹上死だろう！」と大声で言い切った人物こそ下山教授である。小泉純一郎元首相の鼻の下を伸ばしきった風貌の下山教授は、自称「ラテン系」で女性に目がない。

弘中教授も、下山教授の言葉が冗談なのか本気なのかがわからず、当惑してい

「課程博士」だと3年の在籍中、あるいは単位取得後の3年以内に博士論文を提出し、口頭試問を受ければ通るので、「論文博士」よりも、指導教授からの指導を受けやすいし、その意味では楽な面も。

論文博士を授与
実際には後日行なわれる大学院研究科委員会（学部教授会に相当）の投票で、博士を授与するか否かを決める。3分の2以上のドクターマル合教授が博士授与に賛成し、問題がなければ、宮崎氏の博士取得が正式決定する。後日、宮崎氏には無事に博士授与が決まり、副査として審査した私も安堵した。

懇親会
十数年前まで、懇親会には学部から予算がついた。だが、現在ではあらゆる

る。

「関西で1泊してもいいんじゃないかな。せっかくの機会だからねえ」

ニタニタ笑いながら下山教授の攻勢は止まらない。弘中教授も、夫が世話になった関係上、無下にはできない様子だ。これはまずいと感じた私は、

「弘中先生もご多忙な中、お越しいただいてお疲れでしょうし、早めにお帰りになったほうがいいのではないでしょうか」

鼻の下が従来の2倍に伸びた下山教授の攻撃を防ごうとした。主査を務めることからもわかるとおり、下山教授は学部内でも研究業績を認められている実力者だ。じつは私もKG大で助教授から教授に昇格する際、下山教授に主査をしてもらったひとりである。同じ学部に所属し、専門が近い*こともあり、彼の気分を害してしまえば、私の学部内での立場にも影響しないとも限らない。大学教授とはいえ、このあたりはサラリーマン社会と変わらないのだ。

すると弘中教授も、「関西に来て、どんなに遅くなっても、その日のうちに帰宅しなかったことはこれまでありませんでしたので、もうそろそろ……」と切り上げようとした。


懇親会は参加者各自の負担となった。接待的なお金の使い方は大学業界では年々難しくなるばかりだ。

専門が近い
同じ国際政治専門ではあったものの、反米・親中・親北であり、時として「1991年の湾岸戦争はアメリカによる自作自演のマッチポンプだった」などという陰謀論に近い説を唱えることもあった下山教授とは考え

このあたりで引き下がればいいものを、下山教授は「いやあ、でもこんな機会、めったにないし、今度いつ会えるかわからないんだから〜」となおもすがりつく。還暦近くのいい歳した大人が、酒の席とはいえ、ここまでできるのかとあきれていると、ついに弘中教授も、

「申し訳ございませんが、家族も待っておりますので、今日はこのまま新幹線で帰宅させていただきます」

ときっぱりと言い渡し、その日はお開きとなった。

なんにせよ、穏当に弘中教授を帰途につかせられたことにほっと胸をなでおろすのだった。


さて、この下山教授、最初の奥さまと離婚し、独身ということもあり、女性の噂が絶えない。

授業を終えた夕刻、大学のそばのスーパーマーケットに立ち寄り、夕餉（ゆうげ）の食材を買っていたところ、買い物カゴをさげた下山教授を見かけた。隣にはかなり若い女性が立っている。あいさつをしようと近づくと、隣にいたのは、下山教授

方が根本的に合わなかった。

（主査）に指導を仰ぐ修士院生の京本さんではないか。私を認めた2人の顔に戸惑いの表情が浮かんでいたが、もう素通りすることはできない。「こんばんは」と声をかけると、逃げ切れないと思ったのだろう、バツの悪そうな顔つきで、「多井さん、れ、例の非常勤講師の件だけど、見つかりましたか？」と話しかけてきた。

こんな場所でしなくてもいい「非常勤講師探し」について二言三言言葉を交わすと、「それじゃあ」と2人は早々に立ち去った。下山教授の買い物カゴを見ると、白菜とか豚肉とかネギなど、ひとり分にしては多すぎる食材が入っていた。大学院生である京本さんが修士を取れるかどうかは、下山教授の指導と判断にかかっている。まさかその上下関係を利用した関係でなければいいのだが……。

下山教授とは付かず離れずの間柄だったのだが、その日以来、文献を研究室に借りにいくとじつに愛想よく貸してくれるなど、私にことさら親切にしてくれるようになった。

ちなみに私はといえば、女子学生には50センチ以内に近づかないようにしている。まれに寄せられる女子学生からの相談事項も、ＬＩＮＥかメールでするように要請する。学内では良からぬ噂ほど瞬く間に広がったりする。あらぬ誤解を避けるためである。

少し前、学内で、各種ハラスメントに関するファカルティ・デベロップメント（ＦＤ）研修会*が開催され、専任教員は全員半ば強制的に受けさせせられた。

中年の女性講師が講義した。

「アルコールが入ると、タガが外れて、ハラスメントを起こしやすくなるので注意が必要です。日本人は体質的に欧米人とくらべてアルコールに酔いやすいので、とくに注意すべきでしょう」「セクハラは、圧倒的に男性教員から女子学生に対するものがほとんどであると統計的にも証明されています。そもそも女子学生が男性教員、とくに中高年者に恋愛感情など持つはずがありません。その点、勘違いしないことが肝要です」

講義を聞きながら、私の頭の中には下山教授の言動が次々に思い浮かぶのであった。

ファカルティ・デベロップメント（ＦＤ）研修会　文科省の指導により、大学の現場では、「教員が授業内容・方法を改善し向上させるための組織的な取り組み」であるＦＤ活動や研修会が盛んだ。授業とか教育に関わるテーマならなんでもこのＦＤ研修会の対象となり、年に数回、義務的に参加させられる。欠席が多いと注意を受けるため、私はきちんと参加している。事務方は、ＦＤ研修会への専任教員の出欠状況を大学執行部や文科省に報告しているらしい。この出席率が文科省から大学への補助金の多寡にも関係するので、事務方や学部長は真剣である。

某月某日 **会議疲れ**：教授会とは何か？

3つの大学・短大に勤務してきたが、だいたいどこでも月に1回程度の頻度*で教授会が開催され、重要な案件はそこで決まる。

教授会はどんなに短くても1時間はかかるし、8時間という長丁場も経験したことがある。

なぜ、教授会はこんなにも長くなるのか？

まず案件が多い。たとえば、「ゼミの定員をどのくらいにするか？」など学部長含む執行部が決めて、メールで通達を出せば済むのに、教授会案件になってしまうのである。

「来年度の研究演習Ⅰ（3年生用）ゼミは、留年している学生や留学から帰って来た学生の数も鑑みて13名を上限にしたいと思います」

学部長が提案すると、即座にゼミ人気の高い教授が発言する。

月に1回程度の頻度
民間企業とくらべても大学は確実に会議の数が多い気がする。ありとあらゆる政策が各種委員会などの会議で決まっていくからだ。民主的な大学になればなるほど、会議で物事が決まるので会議が多く、そして長くなる傾向があるだろう。

「学生の第一希望をできるだけ反映させるために17名くらいは受け入れるべきではないでしょうか？」

ゼミ人気の高い教授は、自分のゼミに入れなくなる学生を少なくしたい。もちろん反対の立場の教授もいる。

「人数が増えるときめ細やかな指導もたいへんになりますから、学部長のご提案の13名が妥当かと思います」

彼のゼミは例年人気がなく、毎年定員割れしている。ゼミの定員が増えれば、自分の不人気が際立つための反対ではないかと私は勘繰る。私はといえば、13人でも17人でもどっちゃでもええがな、と思っているが、その後も出席者からあれこれと意見が出される。30分ほどの議論が続き、最後は学部長が引き取り、「では中間を取って15名を上限としたいと思います」で決着する。30分に及ぶ議論にどういう意味があったのかは誰にもわからない。

通常はルーティン化した議題に沿って淡々と審議や報告が進む。ただ、いつもなんらかの発言をしないと気が済まない人もいて、すると会は長引いていく。以前は４時間以上となると弁当が出たが、＊今はどんなに長くても出なくなった。お

弁当が出た
古き良き時代のことである。ただ弁当が出るということはあらかじめ決まっており、それはそのままその日の会議が長引くことを意味している。最悪なのは弁当もないまま（＝長引く予定もないまま）、流れで会議が延びることだ。

茶だけは用意されているので自分で入れる。

北米の大学なら学部長*一任とか、少数の委員で決めることが、「教授会自治」の名のもとに教授会マターになっている。これも教授会を長引かせる要因だ。

たとえば、KG大では以下のすべてが教授会で報告・審議・承認される。

①留学から帰ってきた学生の留学先からの単位認定
②在外研究（留学）候補教員の選定
③パソコンのシステム交換について
④卒業判定の確認
⑤単位が足りない学生に対する教員による相談について
⑥学生のバイク通学に関する新しい規定
⑦宗教活動ウィークのプランと実行（KG大ではクリスチャンの教職員や学生がいろいろなイベントを行なう）
⑧授業評価アンケートの実施方法
⑨大学研究叢書（そうしょ）の選定（150万円の出版助成金を与え、KG大研究叢書として

北米の大学なら
私が勤務していたトロント大政治学部など、教授会そのものがなく、年に数回、昼間に教授が集まり新任教員の紹介や学部長挨拶をしていた。「会議」というよりも、ビールやコーヒーを飲みながら親睦を兼ねての「つどい」であった。

発行するのだが、誰の本にするのかを決める）
⑩基礎演習運営方法についての意見交換
⑪入試検討委員会による入試変更案
⑫キャリアセンター委員会による昨年度就職実績報告……。

教員のハラスメント、学生の不祥事、カリキュラム編成などが議題になれば、出席者の利害関係もからみ、議論が長引くことになる。採用や昇格人事になると、主査と副査による、候補者に関する業績評価*や投票があるのでもっと長引く。

これらなどはまだ教授会の議題とする必然性があるともいえるが、あるときK G大のH学部で使用するパソコンのOSについての提案がなされた。パソコンの交換の時期にあたり、提案したのは、英語教育担当の柴田教授だった。

「マックはウィンドウズにくらべグラフィック面での機能が優れています。デザインも統一性があり、その点も高く評価できます。長い目で見た場合、マックを導入したほうが語学教育にも有益であるために、本学部のパソコンにはぜひマックの導入を推奨したいと思います」

業績評価
今では採用前に、模範授業と面接の両方を実施する大学も増えた。履歴・業績書にも授業での工夫などを書き込む欄もあり、以前よりも採用時に「授業のうまさ」が評価されるようになった。

KG大の他学部はすべてウィンドウズを使っており、互換性からもウィンドウズがよい（というか、ウィンドウズのままでええやろ）というのが教授会の総意だったが、柴田教授はマックの素晴らしさを30分にわたって演説した。ある教授が「でも学生はウィンドウズに慣れているんでしょう?」と疑義を呈すると、柴田教授は

「甘〜い!」

とブチ切れた。

「慣れる慣れないの問題ではありません! マックのほうが専門的にも優れているし、性能もウィンドウズよりもはるかに良く使いやすいわけですから、学生時代にマックに慣れておくほうが学生の将来にとっても……」

とにかく柴田教授はウィンドウズを親の仇(かたき)かのように否定し、マックがいかに素晴らしいかをさらに長演説する。しまいには全員根負けという感じになり、KG大の他学部はみなウィンドウズを使っているのに、H学部だけはマックを採用することとなった。

翌年度から学生が使用しはじめると、ウィンドウズのパワーポイントがマック

不満が噴出
学内に「KGちゃんねる」という匿名掲示板が立ち上がっており、学内の噂話など〝あることないこと〟が書き込まれていて、私も時折のぞいていた。そこには「マック、

で使用できないなどなど、多くの不満が噴出した。もちろんひとたび導入したOSを早々に変更などできるわけもなく、柴田教授の〝遺産〟はその後も学部内の不満をものともせず、代々受け継がれているのである。

＊使いづらw」とか「マック導入は柴田が推したため」「どうしてH学部だけ？　クソ」などの書き込みが見られた。

第4章 学生に聞かれたくない話

某月某日 **新学部創設**：結論の出ない会議

N市にあるKG大キャンパス近隣の土地が売りに出された。KG大の理事会はその購入を決定＊した。買収した土地に新規学部の設置が決められ、「新学部設置構想委員会」が設立されることになった。

新学部は国際系学部が望ましいというのが大学理事会の見解だった。学内に国際政治を専門とする中堅教授がほとんどいなかったこともあり、松平学長による指名で、私に「新学部設置構想委員」として白羽の矢が立った。松平学長が委員長に就任し、すべての学部から横断的に選ばれた委員は総勢20名、委員会として月1回の会議＊を開催し、「何学部を設置すべきか」の話し合いを重ねていくことになった。

そもそも理事会の意向としては「国際系学部」の設置が念頭にある。だが、それをトップダウンで強行すれば、各学部からの反発も出かねない。だから、各学

購入を決定 KG大は純資産が1730億円以上あり、かつ大学不況下にあっても定員割れせず、経営が安定している。関西私学の雄・同志社大（法人が一緒のために、同志社女子大も含む）の純資産が2410億円以上なので、そこまでいかないものの、資金的余裕は十分にある。

月1回の会議 時には大阪・梅田キャンパスで会議が開かれるなど、かなり忙しくなった。

部から委員を集めてコンセンサスを得ながら、全学部総意のもとで新学部を設置する。これが新学部設置構想委員会の役割である。

私としても、委員会の中のたった一人の国際政治専門家として、新学部が設置されたあかつきには、〝それなりのポジション〟に就くことになる。悪くない話なのである。

交通費も出ない中、私は一度の欠席もなくすべての会議に出席した。根は生真面目なのである。

第１回目の委員会が開催された。冒頭、松平委員長が概要を説明したあと、シナリオどおり、私は「国際学部」の設置を提言した。

すると委員のひとりである、文学部の細見教授が挙手した。

「本学はそもそもアメリカ人が創った大学で、すでに英語教育には定評があるわけで、今でも十分国際的な大学だと思うけどね」

海千山千の教授たちからさまざまな意見が出てくることは想定の範囲内である。ここは落ち着いて国際学部設置の意義を説かなければならない。

「本学には専任教員が４００名以上おりますが、国際政治担当者は３名しかいません。英語教育も文学部の英文科と総合政策学部ではやっているものの、他学部はそうでもなく、今後の国際化を見据えれば、国際学部の創設は必要ではないでしょうか？」私がそう反論すると、細見教授の眉が吊りあがった。

「いやいや、すでに国際系学部だと、早稲田大、明治大、そして立命館大に国際関連学部があるわけだし、それほど珍しくもなく、今さら作る必要がないでしょ」

細見教授の口ぶりからは明確な反対の意志が感じられる。新学部の設置にあたり思わぬ伏兵が現れた。私も少し熱くなって反論する。

「今後の少子高齢化社会*を考えると、まだまだインバウンドの学生の取り込みが足りません。また、語学もでき、現地の政治経済事情もわかり、文化的な多様性に応じられる、真のグローバル人材の育成も大事です。留学体験を増やす試みにもまだまだ伸びしろがありますし、英語のみの授業開講も目標にできます」

「そうは言うけどねえ。……」

私が国際学部設置の必要性を説くと、それに細見教授が反論するというやりとりが繰り返され、1回目の会議は結論の出ないまま、松平委員長が終了を宣言した。

少子高齢化社会
少子化で大学進学者数は減っている一方、大学の数は増え、大学の入学定員も増えている。国公立と私立を合わせた大学数は1980年に446校だったのが、2000年には649校、さらに2022年には807校にまで増えている。国公立大の数は大きく変わらず、私大が激増している。定員が増え、学生が減った結果、2022年度は47・5％の大学（学部）で定員割れが発生。また、日本私立学校振興・共済事業団の調査（2020年度）によると、全国の大学のうち約4割が赤字経営となっている。

某月某日　妥協案：他学部の反発を抑える

2回目、3回目と会議を重ねても、国際学部の設置自体に強硬に反対する細見教授の態度は変わらなかった。松平委員長を筆頭に、20名いる委員の多くは国際学部設置に賛成していたが、細見教授のほか数名の反対派がゆずらず、なかなか妥協点を見いだせない状態が続いた。松平委員長も、重要案件である新学部設置について学内にしこりを残したまま決着はできないと判断し、全委員のコンセンサスを得ることを優先したのだ。

4回目の会議だった。例によって私との議論が白熱する中で、細見教授がとっさに叫んだ。

「そんなことをしたら、文学部の受験者が減るでしょう！」

細見教授の本音が垣間見られた瞬間だった。

各学部はそれぞれ、受験生集めのために、高校訪問などの自助努力で志願者を

募っている。とくに文学部の仏語系と独語系はこうした営業活動に力を入れていた。志願者が増えると、入試受験料が増えるのみならず、偏差値も上がる傾向にあり、学内における学部の存在感も高まるため、必死だった。

ところが、国際学部の創設により、文学部は割を食うことになる。これこそ仏語専攻の細見教授がここまで強硬に反対する理由なのだ。

たしかに女子学生を中心に、英文科など文学関係への知的興味は薄れる一方、実用的な英語を身につけたいというニーズの高まりは、さまざまなアンケートなどからわかっていた。細見教授にしてみれば、国際学部と文学部が並立すれば、文学部志望者が減少してしまうという危機感はリアルだった。

細見教授の「国際学部不要論」にも、文学部、H学部、総合政策学部など、専門がかぶる分野では少数ながら賛同者もいた。実際、私が所属するH学部の教授会で国際学部構想が議論されたとき、ある教授は「こんな学部、文科省は認めないでしょう!」[*]と言い切り、〝既得権益保護〟の立場を取った。

「新学部を創設することで、KG大受験者のパイそのものが拡大するはずです。学部設置が目標ですから、お互いに譲れるところは譲っていきましょうよ」

文科省は認めない
何の根拠があって「認めない」までの極論を吐露したのか、よくわからな

私がそう言うと、細見教授は腕組みしたまま押し黙った。ＫＧ大全体の利益よりも、文学部の利益が最優先で、そのためにも国際学部設置に１ミリたりとも譲歩するつもりはないようだった。

文学部を代表するかたちで委員に選ばれた細見教授が学部の利益を死守しようとする姿勢はわかる。だが、それにこだわりすぎれば、新学部設置は困難になる。新学部設置で〝それなりのポジション〟に就きたい私の野望が打ち砕かれるだけではなく、ＫＧ大の利益にだってならないではないか。

司会役の松平委員長に目をやると、腕組みしたまま瞑目（めいもく）していた。学長の立場としては内心では国際学部設置をもくろみつつも、外形的には論争に介入することなくあくまで中立の立場をとりたかったのだろう。

この日の会議も結論の出ないまま、次回に持ち越されることになった。

４月にスタートした会議は回数を重ね、季節は秋になっていた。結論が出ないことには年度末までにＫＧ大の大学評議会に提出する予定の報告書もまとまらない。委員会そのものが機能停止する可能性すら出てきた。

い。実際にその後の申請においても文科省は国際学部の新設に協力的で、各種手続きもじつに親切に対応してくれた。私にとっては文科省よりもよほど学内のほうが手強く、やりづらかった。

このままではまずいと感じた私は、定例会議の前に、副委員長である占部教授と与那嶺准教授を喫茶店に呼び出した。

「細見教授は困ったものだ。かなり強硬でどうしようもないね！」

占部教授が口火を切った。新学部には、学内から学部の開講科目にフィットする教員が10名ほど移籍する予定になっており、経済学部の占部教授は新学部長になることが規定路線だった。彼にとって、国際学部設置に強硬に反対する細見教授は目の上のタンコブなのだ。

「細見教授だけではありません。文学部のみならず、国際事情などで分野が重複する総合政策学部やH学部の一部にも国際系学部設置反対派がいます」

学長補佐という役職をしていて、学内の雰囲気を熟知している商学部の与那嶺准教授が補足した。商学部では「教授」昇格の基準が厳しく、*与那嶺准教授が「教授」になるのは早くても数年先になると私はみていた。彼には、新学部に移籍するタイミングで「教授」になれるという思惑もあった。喫茶店で謀議しているわれわれ3人は利害関係の一致する〝運命共同体〟でもあるのだ。

2人を見据えながら、私が提案した。

「教授」昇格の基準が厳しく
当時、商学部は、全文系学部の中でもっとも昇格基準が厳しく、「博士号」取得か単著学術論文がないと原則的に教授昇格はできないことになっていた。

中国語・韓国語
第二外国語（言語）として、各学部に中国語と韓国語担当教員は配置されていたものの、第一外国語として専門的に学ぶプログラムはまったくなかった。ただし、実際に中国語・韓国語を学ぶプログラムを設置しても、

「こうなったら、思い切って欧州系の専門は入れず、英語だけを入れ、そのほかは中国語と韓国語を第一外国語としてはどうでしょうか？　これならば、他学部の反発も抑えることができるかと思います」

欧州地域研究のコースを作らないことで細見教授に代表される文学部からの反発を抑え、中国語・韓国語というこれまでにKG大にない専門を作ることで総合政策学部とも差別化できる。占部教授は「それは妙案だ」とうなずいた。

「多井さんの案を次回の委員会で提案することにしよう。ただ、多井さんが提案すれば、細見さんが反発するだろうから、私からの提案というかたちにしたほうがいいだろうね。委員長の松平学長にも根回ししておくよ」

占部教授はそう言う。私と与那嶺准教授にも異論はなかった。

こうして迎えた会議当日、占部教授が、

「欧州系の地域研究は入れずに、英語、中国語、韓国語を第一外国語として学べる国際学部を創設したい」

と提案した。副委員長の占部教授による鶴の一声で、反対派も一応は納得となり、ようやく「国際学部設置」の方向性が固まった。*

*（注）思ったほど学生は集まらなかった。やはり学生にはいまだに欧米系の言語が人気なのだ。

「国際学部設置」の方向性が固まった　この案を大学の最終決定機関である大学評議会にかけ、賛成多数となったのだが、その票差はわずか1票。まさに薄氷を踏む可決となった。評議員である細見教授は設置委員会では、「欧州地域が外れるなら反対する理由はない」と発言したが、評議会で「賛成票」を投じたかは不明。その後、国際学部の設置が正式に決まったあとも、学内には根強い反対派がいた。H学部の同僚の教授の中にはすれ違いざま、「多井さん、こんな学部、僕は絶対に認めないよ！」と怒りをぶつけてきた人もいた。学内対立の根深さを思い知った。

翌年度、正式に「国際学部創設委員会」が設立された。占部教授、与那嶺准教授と私を含む学内移籍予定者10名ほども横滑りで創設委員会に入った。同時に、他大学から引っ張ってくる専任教員の採用審査委員会も発足した。

三者三様の思惑を抱いて新学部創設にウキウキワクワクしていたわれわれには膨大な作業が待っていた。新学部創設に関するあらゆる物事をわれわれが決めていかなければならなかったからだ。たとえば——

・学部のカリキュラム編成。どんな科目を何年生用にいくつ置くのか、必修科目と選択科目の割りふりから、担当の教員選びまでをゼロから作り上げていく。

・学部のモットーや目標の設定。

・学部用の建物の建築。これはおもに事務方が担当したが、教室の数や個人研究室の数など、われわれも逐一細かく確認する必要があった。

・学部の入試方法の決定。推薦やAO入試のやり方のみならず、一般入試の入試科目の選定。*

・学部の広報。*

一つの業務を終わらせると、すぐにまた次の業務が襲いかかってきた。寝る間

一般入試の入試科目の選定
初年度入学生向け一般入試では、作問から採点までを、学部長就任予定者だった占部教授まで駆り出されて総動員態勢で実施することになった。

学部の広報
予備校や高校にも営業活動を実施して、新学部を熱心に売り込んだ。私自身も、高校の進路指導教員を集めた説明会で、新学部がいかに素晴らしいかの熱弁をふるった。

月に2万円
あまりの忙しさに頭に来て、この手当を自らが費やした業務時間で割ってみた。時給にすると700円以下になった。

3年の歳月を経て
学部設置が文科省に正式に認められたことを祝い、学部創設パーティーの開

も惜しんで働かなければならなかった。創設委員手当が月に2万円出た。*
こうして、２００７年度に「新学部設置構想委員会」が立ち上がってから、じつに3年の歳月を経て、*２０１０年4月、ＫＧ大に新しい国際学部が発足した。強硬だった反対派教授に対して「残念でした。ざまあみろ」という爽快感もあったが、それよりも大きな仕事をやり遂げた充実感に満たされたのだった。

某月某日　過酷な入試業務：神経をすり減らす作業

大学にとってビッグイベントである大学入試。じつは5月ごろにはすでに入試関連会議がスタートする。
5月に開かれる会議（1回目）で当該科目の割り当て*を決め、6月の会議（2回目）で細かなスケジュールを確認、7月の会議（3回目）で最初の問題を提出して教授同士でチェック。夏休み中には問題を吟味する編集会議（4回目）があり、取りまとめ役委員長と副委員長は問題を精査してミスがないように確認……

催が決まった折、細見教授とキャンパスですれ違った。創設まではいざこざがあったものの、創設が決まった今となってはもうノーサイド。気持ちよく、ともに新学部創設を祝いたいと思った私は、「細見先生、今度の土曜日に国際学部創設記念パーティーがあるのでお越しいただけないでしょうか？」と声をかけた。細見教授は立ち止まると、少し考えた顔をして、「いやあ、その日は予定があってね」とそそくさと去っていった。結局、創設記念パーティーには反対派の教授はひとりも出席しなかった。

割り当て
どの分野をどの教員が担当するかを決める。たとえば、世界史なら「中国現代史」「ヨーロッパ中世史」「19世紀アメリカ史」などのように各分野

と会議とチェックを重ねながら問題を作り込んでいく。大学の規模が大きくなればなるほど、入試の種類や数、範囲が増え、それにともなって業務も増える。教員一人あたりの業務は膨大なものとなるのだ。

ある年のことである。例年どおり、入試関連会議がスタートして、秋口を迎えようとしているころ、「取りまとめ役委員長」摂津教授が会議を立て続けに3回連続で欠席した。文学部の摂津教授はそれまで何度も副委員長を担当し、いわば入試問題作成のベテラン。その経験を買われて、この年は「取りまとめ役委員長」に就任していた。

夏休み中で授業はないとはいえ、3回連続の欠席は多すぎるし、2週間以上、連絡もつかず、事務局も困惑。心配した事務職員がアパートを訪ねたところ、腐乱死体となった摂津教授を発見したのだった。

死因は急性心不全。独身だった摂津教授は、母親以外に身寄りもなく、遺体の発見が遅れることになった。体重過多のメタボ体形に加え、ヘビースモーカーで、お酒好きの美食家、死因を誘発する要因には事欠かなかったのだが、私は入試業務のストレスも関係していたのではと感じていた。

ごとに担当教員を配置していく。

問題を作成
あまり難しすぎるとみんな答えられないし、逆にやさしすぎればみんなできてしまう。わかる人とわからない人がバランスよく出てくる「ちょうど

というのも、入試の「取りまとめ役委員長」の苦労はたいへんなものだからだ。「取りまとめ役委員長」こそが、入試問題の出題範囲や分野を決め、それを各委員に振り分け、問題を作成*してもらう中心人物である。もちろん、自らも入試問題を作成する。各委員からあがってきた問題を入試用問題としてまとめる。すべての問題に目を通し、一言一句確認し、模範解答まで作成・確認しなければならない。

このときは、摂津教授の逝去を受けて、大学は急遽、摂津教授宅から入試関係のすべての資料・データを回収。「取りまとめ役委員長」を別の教授に変更し、入試の作問・採点委員会を継続させることで事なきを得たのだった。

私もこれまで勤務したＳ短大、Ｔ国立大、ＫＧ大で入試の作問や採点作業に携わった*。大学側にとって、入試の受験料*は大きな収入源である。経費を抑え、利益率を高めるためにも、専任教員に作問や採点をさせるのが一般的だ。一時期、入試問題の作問と模範解答を予備校に発注する大学が出てきて問題視されたが、Ｔ国立大やＫＧ大くらいの規模の大学だとすべてを自前で行なう。

よい難易度」の問題を作り上げる必要がある。

携わった
基本的に、大学入試業務は国公立大よりも私立大のほうがたいへんといえる。国政政治学者の猪口孝氏（東大名誉教授）は著書『実証政治学構築への道』（ミネルヴァ書房）の中で、30年にわたる教員人生で一度も入試の作問をしなかったと書いている。じつにねたましく、うらやましい。

入試の受験料
ＫＧ大だと一般入試の出願で３万５０００円かかる。２０２３年度のＫＧ大の一般入試（全学部）だと、１万９０５６名の受験生がおり、これだけで６億７０００万円弱の受験料となる。入試に関する諸経費をみても、大学に入る儲けは相当なものになる。

やってみると痛感するが、作問業務はかなり神経をすり減らす作業だ。たとえば英語の試験問題文に「elaborate（詳しく説明する）」という動詞があるとすれば、まずこの単語が受験生に適した難易度かの確認が必須になる。高校の参考書や英和辞典をひっくり返して確認すると、どうやら単語レベルが難解すぎるようで使用はNG。該当箇所を「explain（説明する）」と「in detail（詳細に）」に置き換える……というような作業がセンテンスごとに行なわれていく。高校のテキストや参考書、事典・辞典類を総動員して、難易度が適切か、出題範囲が的確か、誤字・脱字がないか、神経をとがらせての作業が続く。

作成された問題は編集会議にかけられ、複数の作問委員が目を通し、問題と模範解答に瑕疵（かし）がないかをチェック。この会議では、世界史の問題に登場する「ハプスブルク家」が「ハプスブルグ家」となっているのを発見して修正するといったことが行なわれる。

編集会議による点検が終わったあと、続いては「審査委員」の出番である。専門外ではあるものの、一定程度の知識を持っている教員（審査委員）がミスがないかを2日間にわたりカンヅメになって調べる。*

カンヅメになって調べる
学内の某所に集まり、持ち出しすべて禁止で、問題文と解答例を読んで、間違いがないか、粗探しをする。ある年の問題で「エリザベス2世女王」が「エリザベス1世女王」となっているのを見つけた。このような間違いを見つけると、ヒヤッとする一方で、きっちりと仕事をこなした実感も湧いてくるのだった。

入試当日
『東大合格高校盛衰史』（小林哲夫、光文社新書）に次のような入試中のトラブルが描かれている。

さらにその後、入試委員は〝秘密の場所〟にて1問目から最終問題までの校閲・校正を数回繰り返す。秘密の場所は文字どおり秘密で、家族にも告げない。私はそこに向かう際のタクシーの車内でも、タクシードライバーに大学教授だと勘付かれないよう、別の委員の教授と「コストコはなぜあんなにも安いのか？」について話し続けたくらいだ。

準備万端に整えて迎える入試当日。*受験生も緊張するだろうが、われわれ教員もまた緊張している。

作問委員の教員は当日も試験開始30分前に待機室に集合する。テスト時間中に誤字・脱字や設問の間違いなどが見つかった場合に対応する必要があるからだ。なんらかの間違いが発覚した際には、本部から指示が飛んで、各会場で板書による問題文の訂正などを行なわなければならない。

試験期間中は、自分の担当科目が終わるタイミングで、その日は早めに帰宅する。試験の翌日からは採点*が待っているからだ。

「採点」ももたもたしているヒマはない。採点後、期限内に各学部の入試委員会

「試験中、一部で混乱が起きた。試験会場で突然、1人の受験生が立ち上がって、『答えを読む』と叫んだ。やがて、自分の答案や近くにいた受験生の答案を破り捨ててしまう。別の会場で他人の答案を奪って読み上げる受験生がいた」。1970年の東大入試での出来事だという。3人とも試験会場を追い出されたとのことだが、私が試験監督をしていたらと思うと、身の毛もよだつ怖い話である。

採点
ある程度の規模の大学で、監督をしたうえに採点まで行なわなければならないようなケースはかなりまれであると思われる。しかし、短大や規模の小さな大学だと人手が足りず、監督後に採点というかけもち対応がなされる場合も。

に採点結果を告げ、合否ラインを決めて、学部教授会の審議を受け、確認をとる必要がある。寸暇を惜しんでの採点作業が始まる。

朝9時、採点会場に集合。今回、学部の英語問題の採点係は4名。採点委員長から檄を飛ばされながら、4名でそれぞれ400枚の答案を2日で仕上げねばならない。1日200枚*を採点するというのは並大抵なことではないのだ*。

採点がスタートする。「設問の意味、理解してる?」という答案もあれば、「お見事!」という答案もある。「お見事!」な答案を書く学生が来てくれればいいが、こういう学生はきっと神戸大に流れてしまうんだろうなあ……。

採点時には1100円の昼食手当が出るため、いつもより少し豪華な幕の内弁当を注文してある。楽しみはそのくらいだ*。

KG大では、さらに入試問題の模範解答の作成および問題の正答率の説明といった講評も行ない、それを冊子にまとめて予備校などに配布している。ここまでが入試担当の仕事となる。

これら一連の入試関連作業は日本独自のもので、欧米や中国・韓国の大学*には学部入試を専任教員が担当する慣習がない。アメリカ人やカナダ人の研究仲間に

1日200枚
昼休み休憩1時間を挟んで8時間の作業で今日のノルマ200枚をなんとかクリア、答案を提出すると、取りまとめ役の採点委員長から呼び止められた。「多井さん、あなたの書く数字、6と0が区分しづらいので確認してください」。示された答案を見てみると、確かに6の上の部分が出ていなくて0に見えないこともない。去年は言われなかったんだけどと思いつつ、居残りし再チェックしてわかりにくい数字を書き直すはめになった。

並大抵なことではない
『大学崩壊!』（川成洋、宝島社新書）によれば、法政大の英語入試採点は、4日で1万枚におよぶ記述式問題の答案を見なけ

日本の入試事情を説明すると、みんな仰天し、「日本の大学教授でなくてよかったよ！」などと口々に語るのだった。

某月某日　緊張しすぎて……：面接の涙

12月の土曜日、カーテンを開けると窓にうっすらと霜が張っている。それもそのはず、テレビの天気予報によると、今シーズン一番の冷え込みなのだという。本来なら土曜日に授業はないが、今日は推薦入試の面接日だ。よりにもよってこんな日に……。

朝８時に家を出て、自転車で大学に向かう。寒さのせいか、お腹の調子がよくないのが気になる。必死にペダルを漕いで大学に到着するころにはかじかんでいた手足もポカポカと温かくなってきて、お腹の調子もすっかり元に戻っていた。

「推薦入試」では、ＫＧ大の指定校や協定校から推薦された「成績優秀」な候補者（受験生）に面接を行ない、その受け答えを踏まえて、その後の教授会での審

ればならないという。これはかなり過酷で並大抵なことではないといえる。

楽しみはそのくらい
入試関連の委員をやると、ＫＧ大では30万円ほど（担当業務量によって異なる）の手当がつく。３月分の給与明細を見るのも楽しみ。

欧米や中国・韓国の大学
これらの大学では基本的に、大学入学共通テストに該当する全国一斉入試が使用されている。また、北米などでは、入試担当の事務員（教員ではない

議を経て、合格を決める。とはいえ、高校からの推薦が出て面接を受けるわけで、よほどのことがない限り、合格は決まっているようなものだ。

大学側としては高校がお墨付きを与えて生徒の質を保証してくれることがメリットだし、高校側にとっては一定の人数の生徒をKG大に送り込めることで進学実績になる。さらに「本当は神戸大が第一志望だけど、すべり止めにKG大も……」というようなことがなく、KG大が第一志望なので、入学後に「仮面浪人」するとか、学習意欲がなくなるといったミスマッチも防げる。こうした点で推薦入試は大学・高校にWIN－WINな制度といえる。

この日の面接官は、私と韓国人のキム教授だった。彼女は梨花女子大に入ってから日本語を勉強しだしたというのに、訛りのない日本語はネイティブスピーカーと思えるほどだ。簡単な打ち合わせを済ませて、さっそく1人目の候補者を室内に呼び込む。すらりと背の高い、ちょっとヤンチャそうな青年が入ってきた。ふだんは腰穿きしているであろう制服のズボンもきちんと穿いて、ネクタイもゆるませずしっかり締めている。受験生のそんな姿もほほ笑ましい。

「自己紹介をお願いします」キム教授が水を向けると、

専門家）が応募資料や面接結果などを判断して、合否を決める。いずれにせよ、学部入試は専任教員のやる仕事ではないのである。

「△△高校の長谷川英人と申します」

われわれのときにはガチガチに緊張していたと思うが、今の時代の学生たちはみなリラックスしている。[*] それでも面接室の入退室時の礼の仕方は高校で指導されているようで少々ぎこちない。

「志望動機を聞かせてください」私が尋ねる。

「はい。オープンキャンパスで大学の図書館を見学させていただき……」

こうして1人目の生徒の面接は淡々と進んでいったのだが、その途中、私は朝、少しだけ感じていたお腹の痛みがぶり返してくる感覚にとらわれていた。

朝10時にスタートした面接は、午前中に5名、午後に10名の計15名が予定されており、午後3時まで続く。朝と同じようにそのうちに治まるだろうと思っていたが、2人目、3人目となるにつれて、痛みが強くなり、額に冷や汗までにじんできた。

とはいえ、受験生の将来がかかった面接であり、おろそかにするわけにはいかない。受験生がリラックスして受け答えできるように（ひきつっていたかもしれないが）笑顔で対応していった。

みなリラックス
知り合いの教授は、面接時にキャバクラ（行ったことないけど）嬢並みにメイクをした女子高生と遭遇したらしいが、私はKG大の推薦入試の面接で〝メイク女子〟と会ったことはない。

こうして5人目の受験生が退出し、午前の部が終わるやいなや、私はキム教授に目もくれずに部屋を飛び出し、トイレに駆け込んだのだった。

最悪の事態は回避したものの、お腹の不調は続いていた。万一の不調時に備えて、学部長や入試関連委員の教員も待機*しているのだが、ここまで来たからにはやり遂げようと妙な責任感が出ていた。

午後の部に入り、その日、12人目の候補者だった。部屋に入るなり、深々と頭を下げて、われわれと向き合った顔は明らかにこわばり、緊張感がみなぎっていた。

「本学に進学したいとのことですが、志望動機はなんでしょうか？」

「こ、高校の授業で……日本経済に、ついて、勉強、しまして……その経験から……」

緊張感というのは伝播（でんぱ）するものなのかもしれない。うまく答えられるかなと心配しながら彼女の回答を見守っているうちに、こちらまで緊張してきた。

「本学に入学したら、何を勉強したいのですか？」

教員も待機
学部長など数人が待機している。実際に、私は腹痛で下痢になり、午後の面接ができずに別の教員に代わってもらったこともあった。午後、医者に行くと急性胃炎で、ストレスも原因だと告げられた。

キム教授も彼女がきちんと答えられるか、不安気に尋ねる。

「現在、日本の……経済状況はグローバル化に左右されますが、英語も勉強して、さまざまな知識を蓄え、それを活かしつつ……」

女子学生は時折つっかえながらも頭に叩き込んできたであろう回答をひと言ひと言噛みしめるように答えていった。

よしよし、なんとか答えられそうだなと時計に目をやる。面接時間は15分ほどと決められており、基本的には早く終えることも延長するようなこともない。あと数問の質疑応答で終わる。面接官であるはずの私は、彼女の保護者にでもなったかのような気持ちで、面接が無事に終わってくれることを願っていた。

「では、将来進路としてはどういうことを考えていますか？」

「英語を使って……海外に、関係する仕事を……考えています」

ちょっと抽象的すぎるなあと感じた私は、

「具体的にどんな仕事があるかな？　興味のある仕事を教えてください」

と問いかけた。

その途端、女子学生の表情が固まった。きっと準備して頭に叩き込んだ想定問答集*にこの問いがなかったのだ。

彼女は下を向いて、しばらく沈黙した。それほど難しい質問ではなく、助け舟を出さずともなんとかなるだろうと黙って見守っていた。

沈黙が1分ほど続き、そろそろフォローが必要かと、キム教授と顔を見合わせたところ、彼女のスカートにポタリポタリと水滴が落ちているのに気がついた。泣いているのだ。

「まだ決まっていないなら、わからないでもいいですよ」

あわててキム教授が助け舟を出した。女子学生は「はい。わかりません」とだけ小声で答えた。

「わかりました。面接はこれで終了です。本日はありがとうございました」と私が声をかけると、彼女は「ありがとうございました」と深く一礼して退出した。

私も緊張しすぎていたのだろう、腹痛のことなどすっかり忘れていた。

想定問答集

高校側でもこのようなものを作るように指導しているようだ。さらに、中には、先生が面接のロールプレイングをしている高校もあるとのこと。ある年の面接で、「卒業後の希望進路」「今後の目標」「将来の夢」すべてに「アシックスに入りたい」一本やりで押し通した男子受験生がいた。彼の想定問答集を見てみたいものである。

某月某日　裏切り：教授の心、学生知らず

Ｔ国立大時代のことだ。いつも前のほうの席に陣取り、私の授業を熱心に聴いていた*後藤君が研究室に訪ねてきた。

「センセ〜、ぼくどうしてもイタリア語を勉強したいんです。イタリア人のガールフレンドができて、それでうまくなりたいんですが、どこかで学べないでしょうか？」

Ｔ国立大にはイタリア語の講座はない。インターネットも今ほど一般化していない時代、地方都市ではなかなか難しいかもしれないと思いながら調べ始めた。同僚に「通える範囲でイタリア語を初歩から学べる場所はないだろうか？」と飲み会の席などでも聞いてまわった。みな、「この市にはないだろう」とのことで、続いて市役所に電話して確認してみるも「ないと思いますよ」という返事。電話帳を引っ張り出して、ページをめくってみるが、それらしいスポットはない

熱心に聴いていた　教師としては、前に座り、熱心に聴いてくれたり、講義後に積極的に質問してくれる受講生がいると嬉しい。後藤君もときどき質問したり、「この前、先生が紹介してくれた本読みましたよ」などと私が喜びそうなことを言ってくれた。こういう受講生だと教員側も頼みごとに応えてあげたくなるものなのだ。

ようだ。

数週間ほどしてあきらめかけていたとき、ひとつ良いことを思いついた。たしか近隣にある私立のO大には音楽学部があり、そこでオペラの授業の関係でイタリア語も開講していなかっただろうか。すぐさまO大に電話を入れる。

「ええ、たしかにイタリア語の講座を開講しておりますし、他大生の聴講受け入れも可能です」

これは朗報だ。私の胸は高鳴った。

後藤君にも良い報告ができると喜び勇んで、さっそく彼を研究室に呼び出した。

「後藤君、この前、相談に来てくれたイタリア語の講座の件だけど、O大だと音楽関係でイタリア語の聴講もできるよ！」

後藤君はポカンとしている。

「ああ、イタリア人の彼女とはもう別れましたので、イタリア語を学ぶ必要もなくなりました。先生に言ってませんでしたっけ？」

KG大のゼミでも同じようなことが起こった。ゼミ合宿*を兼ねたゼミ旅行をど

ゼミ合宿
面倒見の良いゼミは、口コミでの評価もあがり、学生に人気が出る。反対に、人気がないとゼミ定

こにするか、について話し合いをしていた。ゼミ合宿の実施は大学に求められたものではない。だから、その費用はすべて学生と教授持ちになる。肉体的にも金銭的にもそれなりの負担になるが、合宿をやることでゼミ生同士の関係性も深まり、一体感が生まれる。また、毎年行なわれる和気あいあいとしたゼミ合宿は多井ゼミの「売り」でもあった。

例年は近場の年金保養施設を使っている。何より宿泊費が格安で使い勝手がいい。私が提案すると、顔立ちがはっきりし、いつもハキハキと発言することから、ゼミの中でも中心人物だった小高奈々さんが言った。

「どうしても淡路島のＮホテルに泊まりたいんですけど」

淡路島のＮホテルは眺望に恵まれたリゾートホテルとしてメディアでよく取り上げられていた。* ほかのゼミ生からは「昨年と同じでいい」「奨学金借りているので安いところが……」「淡路島は遠すぎる」といった反論も噴出したが、小高さんはゆずらない。

「有名なホテルなのでこの機会に行ってみたいです。淡路島でテニスとか釣りもできるみたいだし、お酒は持ち込みにすれば費用も減らせます」

員を充たすことなく、最悪の場合、ゼミ志願者数がゼロということも。実際、KG大でも数年前、オーストリア人のシュミット教授のゼミ志願者がゼロになった。ゼミをすべて英語で行なったことが学生の不評を買ったようだ。教授会でも志願者数ゼロと書かれた資料が開示され、シュミット教授も肩身の狭い思いをした。こうした際は年間ノルマの授業負担が充たせなくなるので基礎演習などを追加で担当することになる。

メディアでよく取り上げられていた
サンテレビ（兵庫県を対象地域としたローカル放送局）で頻繁にコマーシャルも流していた。釣りとテニスができるのも売り。予算を抑えたせいか、料理は期待したほどではなかった。

合宿の目的であるゼミ発表のことが頭から抜け落ちているようだが、それはまあいい。小高さんの主張にゼミ生たちと私も押し切られる格好になった。こうして、バスを1台貸し切っての1泊2日淡路島ゼミ合宿旅行が決定した。

旅行当日。参加者を点呼してみると、小高さんの姿が見当たらない。ゼミ合宿への参加は必須ではなく自由参加とはいえ、あれほど行きたいと主張していたのだから、体調不良にでもなったのかと心配になった。

「小高さん、いないね。あんなにNホテルに行きたい*と言っていたのに大丈夫なのかな?」

彼女と仲のいい松本さんが教えてくれた。

「奈々、彼氏さんとディズニーランドに行くって言ってましたよ。ディズニーホテルに泊まるからって、もう昨日のお昼からウキウキで出かけていきましたよ。いいなあ、彼氏とディズニーホテル……」

Nホテルに行きたい
唖然としたまま淡路島のNホテルに向かったわれわれ一行に対して、ホテルは「関西大学様御一行歓迎」という、大学名を間違えた看板で出迎えてくれたのであった。

某月某日　**儲かる副業、儲からない副業**：そんなに稼げません

大学教授が副業するには、兼業申請を教授会に提出して認められる必要がある。とはいえ、教育・研究に関する内容で、私が知る限り、どの大学の教授会でも今までに兼業申請が拒否されたことはない。1回こっきりのテレビ出演などは、いちいち許可を取るような慣習自体がない。

私の副業としては、S短大時代に非常勤講師*として県立のN短大で、そしてKG大に来てからはD大大学院で教えたことがある。

N短大は、学会でたまたま会った教授から、「うちで政治学概論の非常勤講師を探しているが、多井さんどうですか？」と誘われたのだ。N短大まで、クルマで片道2時間（電車だと2時間半）の道のりを、週1回教えに通った。

このN短大の非常勤講師としての給与は月1万5000円。県の農業大学校などと同列で、「大学・短大」非常勤講師手当の相場の半分もいかなかった。講義

非常勤講師
私の大好きな漫画『MASTERキートン』（浦沢直樹・勝鹿北星・長崎尚志脚本、浦沢直樹作画、ビッグコミックス）でも、文化人類学者の主人公は非常勤講師では食えず、保険調査員をしつつ、殺人事件などの謎を解いていく。非常勤講師だけで食べていくのは難しいのだ。

のために持ち出す書籍代金や資料代金などを計算すると赤字だった。

だが、偏差値的にはN短大のほうがS短大よりも少し上*だった。また、自校では教えていない科目を担当することで履歴・業績書での担当科目欄が増えるのと、ほかの専任教員とも顔見知りになりコネができるという下心もあった。当時の私には、さまざまなコネ作りは今後に役立つという打算も胸に秘めての副業であった（実際、T国立大に移籍したあと、「政治学概論」を担当していたことがそれなりに評価されたと飲み会の場で知った）。

KG大に赴任後にも、ひょんなことで知り合ったD大の教授から、大学院修士課程での国際政治の非常勤講師を頼まれ、引き受けた。授業を始めてから実感したことだが、大学院レベルだと院生はみんなマジメ*でやる気がある。授業を聞きたくない人はそもそも大学院には来ないのだ。さらに非常勤講師料は相場を上回る、月4万円で、こちらのほうは実入りの面では恵まれた副業だった。

ただマイナスもあった。わが家からD大までは片道1時間半以上かかったのだ。早い時間の行きの電車では座って本を読んでの研究ができたが、帰宅ラッシュと重なる帰りの時間はほぼ満員の車内で身動きのとれないまま立ちっぱなしになっ

N短大のほうがS短大よりも少し上
N短大は、母の母校でもあり、地元では優秀な女子学生が集まっているとの評判だった。実際、講義での反応もテストの出来も、S短大よりもN短大のほうがよかった。

院生はみんなマジメ
「1991年の湾岸戦争と2003年のイラク戦争の違いがわかるかな？」と尋ねると、ある院生は「湾岸戦争は国連安保理の決議に沿った国際法上合法な戦争ですが、イラク戦争は国連安保理で正当な決議が通っていないとも判断でき、国際

た。S短大時代はクルマで2時間かけて通っていたわけで、1時間半の通勤なら問題ないと考えてスタートしたのだが、年齢を重ねて少々軟弱になっていたのかもしれない。半年ほどして、合計3時間以上となる通勤時間が研究活動の支障となることがはっきりとしたため、講師の職を辞することにした。

大学教授の副業で、もっとも気楽なのが講演会ではないだろうか。大学に通う必要のある非常勤講師とは違い、単発で済む。答案用紙やレポートを採点する必要もない。私も1時間半で手取り1万円から始まり、4時間拘束で手取り15万円のものまでやったことがある。

初めての講演会のことはよく覚えている。T国立大に移籍した直後、永森教授から「近隣のM町で『世界の中の日本』というテーマで講演してくれない？」という打診があった。

「世界の中の日本」、かなり抽象的なテーマで、これならどんな話をしてもテーマにこじつけられる。しかも初めての講演依頼とあり、一端（いっぱし）の大学教員として認められた気がして、私の心は浮き立った。

法上の問題が残ります」と即答した。KG大の学部生だとすぐにこのレベルで答えられる学生はほとんどいない。

講演会の聴衆は町のお年寄りが中心で、私語もなく熱心に聴いてくれた。来てくれた人のためになるようにと、しっかりと準備して話の起承転結を整え、複数枚のレジュメを用意し臨んだことが功を奏したのだと思う。最後の質疑応答で、生真面目そうな年配の女性が挙手して「日本は核兵器を持っているのでしょうか?」という質問が出た。「私の知る限り、持っていません」という答えに納得してくれたのか、安心したような笑顔で深くうなずいた。

最高報酬の講演会は、KG大の教授からのオファーだった。市のカルチャーセンターで「国際政治と国内政治の違い」というテーマだった。嬉しかったが、逆に私の話で15万円ももらってしまっていいのかと心配になった。著名人は1回講演でウン十万円もらうなどという話を聞くと、その図太さに感心する。妻にそれとなく自慢すると、「最初で最後の最高額講演会ね」と喝破されたが、たしかにこれがこれまでの私の人生において講演会での最高報酬*となった。

講演会での最高報酬
聴衆は200名以上いて、講堂がいっぱいになった。やはり年配の人が多く、学びたいという意志が感じ取れた。そういう意味では、報酬だけではなく、内容的にも満足のいく講演会だった。また、2021年に新書を刊行した際に、新聞やウェブメディアの取材を受けた。ある新聞の取材では手取りで3万円もらった。本

某月某日　出世ルート：人それぞれのキャリアパス

民間企業であれば、マンガの『島耕作*』のように、ヒラ↓係長↓課長↓次長↓部長↓平取締役↓常務↓専務↓副社長↓社長↓会長というのが定番の出世ルートであろう。

しかし、大学にはこのようなわかりやすい出世街道があるわけではない。民間企業のように職位が上がるにつれポストが減るピラミッド型組織ではないので、出世競争の勝者と敗者が明確に存在するわけではない。その意味で同期との競争心も希薄だ。

無論、役職にあたる「学部長」「センター長」「図書館長」「副学長」「学長」などはある。だが、そもそも大学トップの学長や総長も４年ほどの任期付きで、定年前に学長を任期満了で辞めたあと、ただの教授に戻るなんてこともよくある。

ヒラ教授にくらべたら、学長はそれなりの報酬をもらうが、それでもヒラで同期

の宣伝ができるうえ、お金までもらえるという、なかなかおいしい仕事だった。

マンガの『島耕作』
ご存じ弘兼憲史氏によるサラリーマン出世マンガ。週刊マンガ誌の『モーニング』にいまだに連載中。「テコット」という大手メーカーに入社した島耕作がいろいろな女性にモテつつ、出世して最後には会長を経て、75歳である企業の社外取締役になるというロマンと夢がいっぱいの作品。「人生こんなにうまくいくかよ！」とか「こんなことあるかよ！」とかツッコミながらも、私は『モーニング』を購読し、コミックスも全巻揃える愛読者である。

の教授の2倍もいかないというのが実際のところだ。学部長に至っては、2年任期で、順番に回ってくる学部もあるし、KG大の場合、ヒラの教授とくらべて年収で200万円ほど余分にもらえる程度にすぎない。それでも教授会の議題を決めることができるとか、緊急的な案件の決定権を持つというような権力は一応、ある。大学には「長」のつく役職そのものが好きという権力志向の教授がいて、「学長争い」や「学部長争い*」が起こったりするが、私の知る限りそれほどの〝うま味〟はない（私の知らないところであるのかもしれないが）。

では、大学教授における「出世」とは何か？と聞かれたら、私なら「博士後期課程指導＝ドクターマル合教授」になることと答える。

耳慣れない言葉かもしれないが、前述したように、これは「主査」として博士を授与できる資格を持つ教授のことだ。

「博士を授与できる資格」がなぜ重要か？　博士を持っているかどうかは、大学教員として生きていくための生命線であり、それを与える側は極端な話、生殺与奪権を持っているともいえる。

学部長争い
旧帝大系の医学部の教授選挙では、敗れた陣営の助教授や助手（当時）が「肩叩き」にあい、私立大の医学部へ転出せざるをえなかったという話を聞いた。『白い巨塔』（山崎豊子、新潮社）は医学部の教授選挙を描いた傑作小説だが、こうしたことは実際の現場でも起こっているのだ。

定年近くになってそのコネで移籍
ロースクール設置のために、自分の「弟子」の誘

博士を出してもらった側には恩師として感謝されるし、場合によっては「師匠と弟子」のような関係になる。「弟子」が多いほど、所属学会などでは大物教授とみなされる。

また、自分の指導した人物が他大学で教授になると、定年近くになってそのコネで移籍*することもできる。学会でも、多くの弟子*をはべらせて懇親会を楽しんでいる大物教授を見かける。

主査になるためには、自らも博士を持つのみならず、単著学術本や査読論文の数など、それなりの研究活動の実績が必要になる。ドクターマル合教授は大学業界キャリアのある種のアガリでもあろう。

さて、どこの世界にも「出世」にまったく興味がないという人がいる。大学業界にも、学内出世ばかりでなく、研究も教育にも興味・関心がないという御仁も存在している。

ＫＧ大と同列に呼称される関西大の某教授は、家が近所で愛犬の散歩中、知り合いになり、互いに大学教授だとわかり、付き合いが始まった。話ぶりも穏やか

いを受けて、「弟子」が教えている大学に移籍した話などよく聞いた。実際にＫＧ大のロースクール発足時（２００４年４月開設）には、民法など実定法（じっていほう）を教えられる教員が足りず、他大学との有資格者の引き抜き合戦の様相を呈していた。この当時は「ロースクール・バブル」の時代であった。２０２３年現在はすっかり落ち着いた。

多くの弟子
国際学部を設置するタイミングで、京大の教授にＫＧ大への移籍を持ちかけてみたところ、「大学院博士課程で弟子を育成する必要がある」とすげなく峻拒（しゅんきょ）された。ＫＧ大のほうが年収はアップするものの、担当授業のコマ数が増えることもマイナスになったようだ。

で、ニコニコと愛想も良い。某教授は、昼前ごろに出かけて、夕方も早くに帰宅する。話を聞くかぎり、学会などにも参加せず、学生との付き合いもまったくないらしい。ただ、朝夕のラブラドール・レトリバーの散歩は熱心で、雨の日も雪の日も欠かさず、その姿を見ない日はない。またペットサロンにも通って頻繁にトリミングして、その成果で愛犬の毛並みはいつも美しい。「学内出世」「研究」「教育」よりも愛犬命のようだ。

愛犬と散歩中の教授を見かけるたび、研究のほうはどうしているのか気になっていた。私はSNSや論文・書籍などで気になる発言やアイディアにぶつかると、すぐにCiNii（サイニィ）検索*をするクセがある。ここで調べると、研究活動の進み具合が一発でわかるからだ。

CiNiiに教授の名前を入れて検索したところ、ここ10年ほど論文がひとつもなかった。*

だが、愛犬と散歩中の教授はいつもニコニコと幸せそうだ。大学教授として、こういう生き方もある。結局どんなふうに生きるかは、人それぞれということだろう。

CiNii検索
国立情報学研究所がウェブで公開しているデータベース。この検索エンジンで個人名を入れると、その人がどんな論文（博士論文含む）や本を書いているか、あるいはまったく書いていないかがわかる。学部レベルでも学術論文の発見方法として図書館ガイダンスなどで

某月某日　**社会主義体質**：昇格してしまえば「こっちのもの」

複線的なキャリアパスがあるとはいえ、ひとたび教授に昇格してしまえば「こっちのもの」である。私の場合、銀行員時代とくらべても天と地くらいの自由時間の差があるうえ、身分も保障されている。一般企業で耳にするような「問題を起こして降格」というような事例は聞いたことがない。教授になってしまえば、人事を気にせずに本書のような内容の本も書けるのだ（正体がバレれば、怒りそうな数人の顔が思い浮かぶものの、教授の職を追われるようなことはないはずだ。たぶん）。

ただ、このあたりは大学によって大きな差異があるといえる。理事会が強くトップダウン型で政策決定をしていく前述のS短大などは、教員に対しても「しばり」が強い。実際、S短大時代、やむをえぬ事情で1回休講にしたところ、田岡事務長に「そんなことしてると評判落ちますよ」と脅された。

紹介されている。

論文がひとつもなかった　今や便利な時代で、CiNii あるいは国立国会図書館OPACで検索すると、どのくらい研究業績があるのか、博士を持っているのかどうかが一発でわかる。性格がよろしくない私はCiNiiなどに名前を入れてみて、研究業績があまりないと「この程度か」などと鼻で笑ったり、意外に業績がすごいと恐れおののいたりしている。

私学は理事会が力を持っているところが多く、概してトップダウン型の政策決定になりがちだ。たとえば、名古屋商科大など、かなり理事会主導で物事が決まると勤務経験者から聞いた。各教員の年収も理事長のさじ加減で、講義の受講者が多い（＝人気がある）と、基本給がアップするということもあるらしい。

現在では、文科省の方針もあり、年々、とくに国立大ではボトムアップ型政策決定をする大学が減っているように見受けられる。また、大阪府立大と大阪市立大の統合により新しく「大阪公立大」*が生まれたのも、政治主導のトップダウンであろう。

その点、ＫＧ大は各学部教授会が権限を持ち、ボトムアップ型で政策を決めていく。また、東大や京大などの旧帝大は教授会が強く、以前としてボトムアップ型の政策決定が行なわれているようだ。この場合、教授会が決定権を握り、民主的な大学運営が行なわれるわけだが、すでに述べたように教授会は長引くし、もろもろの決定に多くの時間を要するというデメリットもある。

２０２３年現在、教員の立場も変化してきている。

大阪公立大
同大の設立は「大阪維新の会」の公約でもあり、維新が選挙に勝ったことで公約を実現させたともいえる。一時期、英文名称をUniversity of Osakaにしようとしたものの、Osaka Universityが正式名称の大阪大（国立）からの反発を受け、Osaka Metropolitan Universityに変更された。海外での混乱を避ける結果である。

国立の岡山大からＫＧ大に移籍してきた坂崎教授が愚痴っていたことがある。

「独立行政法人化してから、いろいろと面倒になってきたんですよ。教育・研究・雑務について、１年間の業績を報告書にまとめて大学に提出しなくちゃいけなくなりまして」

25年前まで、同じく国立大に勤務していたものとして興味の湧いた私が「大学に報告書を提出するんですか？」と尋ねると、

「それも、教育で学生からの評価がこのくらいだから○ポイント、紀要論文を１編書いたので○ポイント、学生副主任をやったので○ポイント……というように業務ごとにポイントが決まっていて、それを自分で計算して報告書にまとめるんですよ。報告書を作るだけで数日がかりの大仕事ですから」と言う。

「私が国立大にいたときにはそんな業務はなかったですけどね」

「その報告書を学部長と学長が査定して、翌年度の昇給やボーナスなどもそのポイントをもとに算出されるのでサボったり、手抜きなんてできないんですよ」

その報告書をもとに、岡山大のホームページ*では、教員全体が「とくに優れている」「優れている」「適切」「問題あり」の４段階に区分けされ、その割合が公

岡山大のホームページ　大学執行部による前年度の教員評価（全体像）を簡単に見ることができる。実際にのぞいてみて、かつての牧歌的だったＴ国立大を思い出し、「国立大もついにここまでシビアになったか」と隔世の感を覚えた。

開されている（さすがに教員の個人名は表記されていない）。「問題あり」も数％存在することになっていて、これは教員にとっても大きなプレッシャーだろう。

坂崎教授は、「報告書づくりの作業がたいへんなうえ、どう評価されるか、精神的にも休まりませんよ。ＫＧ大はそんなことがないからまだラクです」と言った。

たしかに、ＫＧ大ではこうした作業がいっさいない。分厚い報告書を作成する必要はなく、年間58万円の研究費が必要な場合だけ、１枚の紙に1年間の研究実績と翌年度の研究計画を書き込み、ウェブ提出する*（それを研究推進に関わる部署が判断して、翌年度に個人研究費を出すかどうかが決まる）。

岡山大のようになれば、研究時間を削って業績書や申請書を書かなくてはならず、また1年という短期間に具体的な業績をあげるため、長期スパンでの研究に取り組みづらくなるというマイナスも生じる。

その上、教育に関しては、今やどこの大学でも学生による科目評価が実施されるようになった。学生が教授を〝評価〟する時代なのだ。

「授業の声の大きさは適切だった」「授業内容に満足している」というような設

ウェブ提出する
個人研究費が必要でないなら、これさえしなくていい。とはいえ、研究活動を実施している専任教員は誰でも提出している。

問で学生にアンケートがとられ、５点満点で評価される。アンケート結果は教員に郵送されてくる。われわれ教員はその結果に一喜一憂することになる。

とはいえ、このアンケートで人気になったからといって、年収にプラスの査定があるわけでもないし、不人気だからマイナスになることもない。

10年間、学術論文をひとつも書いていなくても、「博士号」を持っていなくても、研究業績がなくても、授業の人気が皆無でも、給与にはまったく関係がない。*

民間企業から見れば、大学業界は「相も変わらぬ社会主義体質」といえなくもないだろう。

給与にはまったく関係がない
T国立大では、私の在籍当時、学会で著名な賞などを取ると、給与が一号俸（1つのランク）上がるなどそれなりの業績評価があった。KG大では、学会賞を取ると、大学のホームページや学内報に載せてもらえる（金銭的インセンティブはない）。

某月某日　FA宣言：同僚が次々去っていく

日本政治外交史が専門の川嶋佳子准教授から喫茶店に呼び出された。

「今年度末でKG大を退職して、日文研の准教授として転出したいと考えております」

私にとっては寝耳に水の話だ。動揺を隠しきれずに、しばし絶句してしまったが、理由を聞かないわけにはいかない。

「どうしてお辞めになるんですか？　KG大に何か不満な点があるのでしょうか？」

「いえ、今の職場には満足しておりますが、自分のキャリアにとって、日文研のほうがよいと思うようになりました」

表情や口ぶりからも川嶋准教授の決心は固いことがわかった。

「日文研では大学院授業のみ担当で自分の分野の院生がほとんどおらず、研究に時間を割けるのです。40代は研究活動に専念したいんです」

「どうにかなりませんかね。ここで川嶋さんに辞められると、日米関係の専門家もいなくなり、学部の魅力が減ります」

そう説得を試みると、思いつめたような表情をした川嶋准教授は事情を打ち明けてくれた。

「じつは2年前から日文研に来てくれとの依頼を受けておりまして、それを延ばし延ばししてきたんです。来年度4月からの移籍は、先方にとってももう待てないタイミングなのです」

川嶋准教授は他学部で非常勤講師をしていたのを、国際学部設置を機に来てもらった経緯があった。私も、彼女の研究業績を高く評価し、期待していた。国際学部に来てからも、最若手ながら教務副主任として学部の委員会や会議で雑務もこなしてくれていた。

「どうにかなりませんか。日文研は研究のみで良い面もあるかと思いますが、年収ではＫＧ大にくらべて数百万円は落ちるでしょう」

現実的な話を持ち出して、なんとか食い下がろうとするが、

「いえ、お金の問題ではありませんので」と一蹴される。

「すでに先方にも返事をしておりますので、どうぞご理解ください」

そこまで言われてしまえば、もう黙るしかない。正直な話、私も彼女の身になれば、教育と雑務で多忙なＫＧ大よりも研究オンリー*の日文研を選ぶだろう。Ｔ国立大時代に私を引き留めた永森教授の気持ちが少しだけわかるのだった。

そんなことがあって、１週間後、今度はアジア情勢専門の村岡正孝教授から喫茶店への呼び出しを受けた。イヤな予感しかしない。

研究オンリー
こうした大学や研究所は、授業や雑務を重荷に感じる大学教授にとっては垂涎の的といえる。また、上智大、慶応大やICU（国際基督教大）のように、海外の大学と同様、7年間に1年は「特別研究期間（sabbatical leave）」として授業と雑務が完全に免除され、研究に打ち込める体制が整備されているところもうらやましい。

「多井さんには静岡県立大からKG大の学部設置の際に引っ張ってもらって、感謝してますよ」と村岡教授が話し始める。村岡教授は極東の某地域の専門家で、日本国内でその分野の第一人者だ。彼とは同い年で、学部新設の際に声をかけて移籍してもらっていた。

「すまないけど、来年度4月から名古屋の南山大に移籍したいと思っているんです」

村岡教授は、NHKの番組にコメンテーターとして出演するなど、学外にも知名度*があり、KG大の広告塔的な役割も担ってくれていた。彼のように人気や知名度がある教授の場合、「引き抜き」の話は少なくない。実際、KG大から、大阪大、神戸大、大阪市大（現・大阪公立大）、中央大、名古屋大などに移籍したケース*を知っている。これらの大学はKG大よりもレベルや評判が高いと見なされるか、もしくは東京にあるために、地の利（研究しやすい、政治・経済・社会の中心地なので情報も入るなど）がある。40代までの若手教員を中心に〝レベルアップ〟と考えて移籍していくのだ。もちろん移籍先は「終身在職権（テニュア）」付きのポストで、推してくれる教授が責任をもって人事をしてくれるため、条件面

学外にも知名度
数年前、KG大の副学長と話していると、「じつは最近、僕はテレビで有名になりつつあってねえ」と言う。満更でもない表情なので、ご自身の専門分野についてテレビコメンテーターでもしているのかと詳しく聞いたところ、学生の不祥事で報道陣を前に謝罪し、それがニュースで何度も放送されたとのこと。豪胆というべきか、ツラの皮

でも〝レベルアップ〟することが多い。

「もうすでに決まったことなのでしょうか？　村岡さんに移籍されるとＫＧ大にとっても、うちの学部にとってもかなりの損失になります」

「申し訳ありません」と村岡教授が深く頭を下げる。

「じつは僕は一人っ子で名古屋に実家があるんです。そこでちょっと認知症気味の実母の面倒も見ないといけなくなって」

そう言われれば、引き留めるわけにもいかない。川嶋准教授と同じように、泣く泣く了解せざるをえなかった。

国際学部発足時、私は専門領域に近しい分野の教員を集める役割を担っていた。川嶋さんも村岡さんもそうして本学部に来てもらった人材だ。彼らが他大学から声をかけられてＫＧ大を去っていくことは、私の見る目が正しかったことになるのだが、反面ひとり取り残されたような寂しい気持ちにもなるのだった。

優秀な大学教授はこうしてよりよい職場に移籍していく。その意味ではプロ野球界のＦＡ移籍に似てもいる。ただし、年俸が極端にあがることはあまりない。川嶋准教授のケースでは、数百万円レベルで年収が下がるだろう*。それでも研

が厚いというべきか。

移籍したケース
逆にこれらの大学からKG大に移籍してくるケースもある。やはり年収がアップするとか、定年が65歳から68歳まで延びるという理由があるらしい。50代くらいまでのベテラン教授が時折、移籍してくる。

年収が下がる
学者の世界では、評価の高い研究をしても、それがすぐに給料に反映されるわけではない。そういう意味では金銭的インセンティブは働かない。それでも多くの学者はコツコツと研究を続けるし、私自身もまたそうだ。とはいうものの、年収が今の半分に下がったら、さすがに私のモチベーションも下がるだろう。

究に専念したいという、その気持ちはよくわかる。たとえ年収が下がっても、授業負担も、学生のトラブル対応もなく、研究活動とわずかな雑務だけをやっていればよいと考えれば、学者にとって「地上の楽園」といえるかもしれない。私はといえば、他大学からお呼びもかからず、移籍するパワーもなく、どうやらこのままKG大を〝終の棲家(ついのすみか)〟とすることになりそうだ。

某月某日　奈落の底へ：妻の闘病とわが身の不調

2013年秋、ショッキングな出来事があった。妻の大病*が発覚したのだ。次男が大学を受験する年度にあたり、入学後は、今までの労をお互いにねぎらいあい、一緒に温泉旅行か、私のリサーチを兼ねて海外旅行にでも出かけようかと二人で話し合っていたところだった。

病院の検査で判明した際にはすでに末期の状態だった。妻の闘病生活は、寄り添っていた私の身体と精神にもダメージをもたらした。

妻の大病　見つかった時点で、すでに転移があるステージⅣの腫瘍だった。

妻の闘病生活が始まってまもなく、私は頻尿に悩まされるようになった。かつてないことで、病院で処方された過活動膀胱の薬を飲み始めた。

続いて、両目に網膜裂孔（もうまくれっこう）の症状が現れ、レーザー手術を受けた。1回の手術で症状が改善せず、「もう一度」「もう一度」と結局計5回もの手術を繰り返すことになった。それと同時に、食欲不振で体重も一時期は14キロ減った。* 見るからにやつれた感じになり、会う人会う人に「大丈夫ですか？」と心配された。

妻の闘病生活は5年5カ月に及んだ。最後の緩和ケア病棟の日々を思い出すと、今でも涙が出る。長男と次男が介護休暇をとって24時間体制で寄り添ってくれたが、これまでできていたことが次々にできなくなっていく。元いた、家族との生活から切り離されて、別世界に遠のいていくような妻の様子に胸が締め付けられた。そして、妻は最後、眠るように息を引き取った。54歳だった。

私にとって、もっともつらかったのは、妻が亡くなったあとのことだ。それまで肉体に生じていた異変が、今度は精神に襲いかかってきたのだ。

最初に異変を感じたのは講義中だった。妻の葬儀を終えて2カ月後のことだった。いつもどおり講義をしていると、どこかから淀んだような気持ちが押し寄せ

14キロ減った
妻との別れを現実的に考えるようになった。妻がいなくなったあとのことを考えると、言いようのない焦りに囚われた。目の前にいる妻と、今しかできないことをしなければならないと思うのだが、それが何かわからない。次第に、食事にも味を感じないようになり、好きだったビールも苦いだけの水で、おいしいと思えなくなった。食事をとるのも面倒になり、体重は激減した。

てきて心がふさいでいく。「マズイ、マズイ。しっかりと講義をしなくては」と思っているあいだに、心の中は言いようのない不安感に占拠される。それと同時に、しゃべっている自分の声がだんだんとかすれていく。振り絞るように声を出し、なんとか授業を終えた。学生たちに気づかれなかったかとほっとしながら研究室に戻ったところで、背中が汗でびっしょりと濡れていることに気づいた。これが変調の始まりだった。

それ以降の授業でも、たびたび理由もなく突然教室から立ち去りたいという不安感に襲われるようになった。時には「ゴメン。ちょっとトイレ」と学生に断り、トイレに逃げ込んだ。

誰にも見つからぬようトイレの個室で内側からカギをかけ、大きく息を吸ったり吐いたりして呼吸を整える。数分で落ち着きを取り戻すと、急いで教室に戻り、学生たちに異常を悟られないように、無理して明るく、何事もなかったように授業に戻った。不安感に襲われるたび、無理やりに不安をねじ伏せ、必死で声を出し、講義をやり遂げた。こんな状態*で苦しんでいることは他人に言ってはいけない気がして黙っていた。

そんなことを何度も繰り返すうち、講義に出るのが怖く、大学に向かうのが憂うつになってきた。

「ああ、講義に出るのがつらい。また声が出なくなったらどうしよう。もう講義も大学もやめたい。でも収入がなくなったら生きていけない。支えてくれた妻ももういない。何もかもむなしい。これから先、一人暮らしでどうやって生きていけばいいのか？」……講義中だけではなく、起きてから寝るまで、頭の中をマイナス思考がぐるぐるめぐるようになった。情緒が不安定になり、原因不明の焦燥や疲労・脱力感、不眠などの症状が出てきた。

思い切って、心身の状況を谷川学部長に伝えてみた。温厚で敬虔（けいけん）なクリスチャンでもある谷川学部長は私の事情をよく理解してくれた。

「私も、多井さんのような状態に置かれたら、かなり苦しいと思う。授業は無理せず、できる範囲でやってもらってもいいから、静養を優先してください」

谷川学部長の表情から、立場を超えて心から心配してくれていることが伝わってきた。「大学に迷惑をかけたらどうしよう」と懸念していた私は、学部長の言葉で重い肩の荷を下ろせた気がした。

こんな状態
当時の状況はパニック障害の一種だったと思う。不特定多数の受講生を相手にする講義のときがもっともよくなかった。やはりプレッシャーがあったのだと思う。

学部長の判断で、国際学部事務局は私の授業のノルマを軽減してくれた。

さらに、精神科を受診することになった。精神科を初めて訪れたときに渡された問診票に自分の状況を記載した。

「いつも疲れている」「理由のない不安を感じる」「将来に悲観的になる」「性欲がない」……書かれている項目すべてが、自分のメンタルとフィジカルの現状に該当するのに愕然とした。

若い医師は、問診票を見ながら、私の症状を詳しく聞いた。私は、妻の喪失と、それがどんな面で苦しみを生んでいるのかを事細かく説明した。医師は相づちを打ちながらひたすら聞き役に徹していた。

その結果、「自律神経失調症と軽度のうつ状態*」と診断された。診断が下ったことで自分の気持ちが整理されるのを感じた。「投薬をしながら治療していきましょう」という医師の言葉にすがるしかなかった。

だが、講義のつらさがすぐに軽減したわけではなかった。講義の数は減ったものの、最低限度の担当は残り、しばらくのあいだ、憂うつさを抱えながらこなさ

軽度のうつ状態
精神科医の説明によると、これが重度になると、起き上がるのも面倒になり、ひきこもりのような状態になってしまうので、投薬治療で現状維持や状態改善を目指すことになった。

デパス
一般名・エチゾラム。抗不安剤として使用するが、眠気を誘うこともあり、入眠剤としても使用可能。

ざるをえなかった。とくに講義前は不安がつのり、精神を落ち着かせるために、処方された精神安定剤「デパス」*を飲み、なんとか乗り切っていた。「デパス」を飲むと、授業中のパニック発作は起きなくなった。ただ副作用として眠気が出てきて、それまでは「顔と同じくらい、大きくてうるさい」とまで称されていた大声での授業が不可能になった。

学生たちには、妻が亡くなった話はしたが、精神的にまいっていること、精神科に通院していることは伏せていた。それまでとは打って変わって借りてきたネコのようにおとなしくなった私の姿に、学生たちは驚いたことだろう。

隣県に住んでいた長男夫妻は、独り身の私を心配し、月に一度、わが家まで様子を見にきてくれた。東京に住んでいた次男も時間があると家を訪れ、その後無事に結婚したのには安堵した。息子たちの気遣いが身に染みた。

その後、「スルピリド」*という薬を飲み始めて、心身の症状はかなり回復した。まだ妻を失う前までの体調に戻ってはいないが、どうにか授業も担当*している。講義への恐怖感もある程度改善した。

どことない焦燥感や寝つきの悪さなどはいまだに残っているが、「デパス」を

今でもつねにメガネケースに２錠入れて持ち歩いている。

スルピリド
一般名も同じ。抗うつ剤として使用可能のみならず、胃潰瘍にも効く薬で、私は１日２回服用している。これからも授業をし続けるかぎり、飲み続けていくことになりそうだ。

どうにか授業も担当
もっともひどい状態のときには、元のように授業をできるようになるとも思っていなかった。同じ精神科医のもとで、引き続き投薬治療は継続している。授業も大人数ではなく、事前登録制にして、顔と名前が一致できる規模で実施している。不特定多数を相手にすると、緊張感が高まるのに対して、個々人の名前がわかり、関係性があることでリラックスできるのだ。

飲まずに授業をする程度には回復することができた。

最近、保護ネコ*を引き取った。「ジジ」と名づけたオスの黒ネコはとても人懐こい性格で、帰宅すると飛んできてのどを鳴らして甘えてくれる。無条件で信頼してくれる存在は、私にとって不可欠となっている。ジジと戯（たわむ）れていると、精神的なもやもやから解放される。これもリハビリの一環なのだ。

保護ネコ
近くのネコカフェで保護ネコの里親探しをしていた。何匹ものネコの中、なかなか賢そうな顔の黒ネコと目が合った。『魔女の宅急便』に登場する黒ネコから名を取り「ジジ」と名づけられていた彼を、お試し期間を経て引き取ることにしたのだった。

あとがき——あと5年半

妻を亡くしてから、もう5年が経とうとする。歳月が流れても、いまだに（いや、だからこそか）妻との生活を毎日のように思い出す。朝、出かける前、妻の遺影に今日一日の無事を祈り、困ったことがあるたびに妻の遺影に向き合って相談する。

介護・看護や亡くなる前の哀しい時期の記憶はすっかり薄れ、愉しかったこと、笑っている妻の姿だけが目に浮かぶ。27年間の妻との時間*は、宝物のように心の中に残っている。

妻を亡くした経験からわかったのは記憶の大切さだ。旅行やイベントという大きな出来事はもとより、ふだんの何気ないやりとりや会話といった妻との記憶が、今の私を支えている。

そう考えると、自分が亡くなったあとも、同僚や学生、周囲の人たちの私に関

27年間の妻との時間
本書の執筆中も、人生のさまざまなシーンで、あのときは一緒に手を取り合って喜んだなとか、落ち込んでいるところを励ましてくれたなとか、たくさんの思い出が次から次へと浮かんできた。この先、（私が大ファンである）壇蜜氏、あるいは檀れい氏、もしくは檀ふみ氏のような方が後妻に来てくれるまで（来てくれても?）、妻との歳月を慈しむ気持ちは変わらないだろう。

する記憶、そして少しばかりの研究業績や本書の存在が残るという事実が、私を安堵させる。

S短大で4年、T国立大で5年、そして現在勤務するKG大では24年の歳月が流れ、定年の68歳まであと5年半となった。今後、大学業界の厳しさ*は増して、大学教授という職業も厳しくなる一方だろう。振り返ると、1990年代に大学専任教員になれたのは幸運だったし、今なお大学教授でいられるのはありがたいことだ。

30、40代のように、研究に燃えるという感じはもうない。運転免許は持っているが、自動車は4年前に売ってしまい、それ以来、電動機付きママチャリが通勤の足になっている。うまいものを食べたいとか、どこかへ行きたいとか、良い服を着たいとか、高いモノを持ちたいという欲求もない。好きな本が読め、ビールが飲め、マイペースで研究と教育活動ができれば、それで十分だ。

妻の記憶とともに、残りの教員生活を精一杯、まっとうしたい。

２０２３年12月

多井学

大学業界の厳しさ
大学教授職への道は苦難だらけでギャンブルの様相を呈している。大学教授予備軍の方の中には、何度も公募に落ち、心が折れそうな人もいるだろう。「頑張れば必ず夢はかなう」などとおためごかしを言うつもりはない。ただ「捨てる神あれば拾う神あり」もまた事実だ。やるだけのことをやれば、次につながる光が見えてくることもある。

多井学◉おおい・まなぶ
1961年、N県生まれ。日米の大学を卒業後、カナダの大学院修士、大手銀行勤務を経て、S短大の専任講師として大学教員生活をスタート。以降、T国立大を経て、現在は関西の私大KG大に勤務する現役教授である。定年まであと5年半、もう何も怖くないが、身バレが少しだけ心配。

大学教授こそこそ日記

二〇二三年　一二月二〇日　初版発行
二〇二四年　二月一〇日　四刷発行

著　者　多井　学
発行者　中野長武
発行所　株式会社三五館（さんごかん）シンシャ
〒101-0052
東京都千代田区神田小川町2-8　進盛ビル5F
電話　03-6674-8710
http://www.sangokan.com/
発　売　フォレスト出版株式会社
〒162-0824
東京都新宿区揚場町2-18　白宝ビル7F
電話　03-5229-5750
https://www.forestpub.co.jp/
印刷・製本　中央精版印刷株式会社

ISBN978-4-86680-934-2